21世纪职业教育教材　北大版普通高等教育
财务会计系列　"十三五"规划教材

《税务核算与申报》习题及实训

史新浩　姜久仿　主　编
邵苗苗　闫　菲　副主编

内 容 简 介

本书以截稿日的税收法律法规、增值税会计处理规定、所得税会计准则等为依据，比较完整系统地介绍了税收法律法规、应纳税额计算、涉税经济业务账务处理、纳税申报表填制和税款缴纳等内容。书中选取一般性工业、商业和服务业企业为会计主体，以其营业活动中经常发生的税种为项目内容，介绍了常见涉税业务的会计核算与纳税申报，排除了非常用的税种和难理解、非常见的涉税经济业务，突出了税种的普适性和应用性。

本书删除了营业税，充实了增值税，整合了附加税，完善了企业所得税，修订了个人所得税；将城市维护建设税、教育费附加、水利建设基金整合为一个项目，安排在流转税之后、企业所得税之前；将涉税会计科目设置、税务登记、纳税人登记、增值税发票管理等内容整合为项目一。本书每个项目包括两个部分：第一部分为职业分析能力训练，题型中题目的编排顺序与主教材中相关内容和知识点的顺序保持一致；第二部分为职业实践能力训练，所用原始凭证从企业实际业务中来，所用纳税申报表为当前企业正在使用的表格。

本书与主教材《税务核算与申报》（ISBN 978-7-301-30342-9）配合使用，将学生的理论知识学习与实践能力训练融为一体，有助于开展"理实一体、学做合一"教学，能够满足"理实一体化"和"教学做一体化"教学改革需要，有利于提高教师课堂教学质量和学生学习效果。本书适合高职高专院校会计、审计、统计、税务、财务管理等专业使用，也可作为成人高校、五年制高职财经类专业的教材，还可用作初级、中级会计专业技术资格考试的学习参考。

图书在版编目（CIP）数据

《税务核算与申报》习题及实训/史新浩，姜久仿主编．—北京：北京大学出版社，2020.1
21世纪职业教育教材·财务会计系列
ISBN 978-7-301-30343-6

Ⅰ.①税… Ⅱ.①史… ②姜… Ⅲ.①企业管理—税收会计—职业教育—教学参考资料 Ⅳ.①F275.4

中国版本图书馆CIP数据核字（2019）第034779号

书　　　名	《税务核算与申报》习题及实训 《SHUIWU HESUAN YU SHENBAO》XITI JI SHIXUN
著作责任者	史新浩　姜久仿　主编
责任编辑	李玥
标准书号	ISBN 978-7-301-30343-6
出版发行	北京大学出版社
地　　　址	北京市海淀区成府路205号　100871
网　　　址	http://www.pup.cn　新浪微博：@北京大学出版社
电子信箱	zyjy@pup.cn
电　　　话	邮购部 010-62752015　发行部 010-62750672　编辑部 010-62704142
印　刷　者	三河市博文印刷有限公司
经　销　者	新华书店
	787毫米×1092毫米　16开本　11.25印张　408千字 2020年1月第1版　2020年1月第1次印刷
定　　　价	28.00元

未经许可，不得以任何方式复制或抄袭本书之部分或全部内容。
版权所有，侵权必究
举报电话：010-62752024　电子信箱：fd@pup.pku.edu.cn
图书如有印装质量问题，请与出版部联系，电话：010-62756370

前　言

高等职业院校毕业生的主要就业去向是中小微企业，而这些企业的管理者最为关注的是作为现金流出的税款，这既涉及企业运营成本，又涉及企业税务风险。因此，企业管理层尤为看重会计人员的税务工作能力。

企业会计人员的税务工作能力包括税务核算能力和纳税申报能力，这两种能力是对企业会计人员的现实要求。税务核算是指会计人员对企业涉税经济业务的确认、计量、记录和报告，包含着各税种应纳税额的计算、各项涉税经济业务的账务处理等内容。纳税申报是指企业会计人员依据税收法规规定和税务核算的会计信息，对纳税申报表的准确填制、按期申报及税款缴纳等工作，其核心工作是准确填制纳税申报表。

纵观当前高等职业院校使用的相关教材，要么只侧重对税收法律法规条文的陈列、阐述，却缺少对纳税申报表填制的介绍，要么只侧重介绍应纳税额的计算、纳税申报表的填制，却缺少对涉税经济业务会计核算的介绍。这些不足导致相关教材不能完整、准确地阐述企业涉税业务的会计处理，不利于全面培养学生的税务核算能力和纳税申报能力。

本书将企业涉税经济业务的会计核算与纳税申报结合起来进行阐述，全面介绍了税收法律法规规定、如何计算应纳税额、如何进行涉税业务账务处理、如何填制纳税申报表、如何缴纳税款等内容，弥补了此类教材的上述不足。

本书具有以下几个特色。

1. 内容更新、与时俱进

财政部《增值税会计处理规定》自2016年12月起实行。《关于全面推开营业税改征增值税试点的通知》自2016年5月1日起施行。废止了《营业税暂行条例》，修改后的《增值税暂行条例》自2017年11月起施行。《关于统一增值税小规模纳税人标准的通知》自2018年5月1日起施行。《关于深化增值税改革有关政策的公告》和《关于深化增值税改革有关事项的公告》自2019年4月1日起施行。《关于调整增值税纳税申报有关事项的公告》自2019年5月1日起施行。

《中华人民共和国企业所得税年度纳税申报表（A类，2017年版）》自2017年度汇算清缴纳税申报起开始施行，《中华人民共和国企业所得税月（季）度预缴纳税申报表（A类，2018年版）》《中华人民共和国企业所得税月（季）度预缴和年度纳税申报表（B类，2018年版）》自2018年7月1日起施行，扩大了享受企业所得税优惠小型微利企业范围，完善了研究开发费用税前加计扣除政策，提高了科技型中小企业研发费用税前加计扣除比例，扩大了适用固定资产加速折旧企业所得税政策，将技术先进型企业所得税优惠政策推广到全国，允许公益性捐赠支出三年内结转扣除，统一了企业职工教育经费税前扣除标准，修订了企业所得税优惠政策事项办理办法，部分企业所得税优惠政策及项目也发生了变化。

新的《中华人民共和国个人所得税法》自 2019 年 1 月起开始施行。消费税、城市维护建设税、教育费附加、房产税、印花税等也有新的变化，包括纳税申报表表样、涉税会计科目、优惠政策等。上述税收法规新政、增值税会计处理规定及所得税会计准则等，都在本书中得到了体现和应用。

2. 深浅适度、结构合理

本书关注税种的普适性和应用性，做到深浅适度、易学易懂。本书选取一般性工业、商业和服务业企业为会计主体，选取其经常发生的税种为项目内容，介绍常见涉税业务的会计核算与纳税申报，排除了非常用税种和非常见、难理解的涉税经济业务。

本书优化了项目体系结构，删除了营业税，充实了增值税，整合了附加税，完善了企业所得税，修订了个人所得税。将城市维护建设税、教育费附加、水利建设基金等整合为一个项目，并安排在流转税之后、企业所得税之前。将涉税会计科目设置、税务登记、纳税人登记、增值税发票管理等内容整合为一个项目，安排在项目二之前。

本书与初级会计专业技术资格考试大纲相衔接，与培养税务核算能力、纳税申报能力和职业分析判断能力相衔接，有利于培养学生的税务工作水平和工作能力。

3. 项目导向、任务驱动

本书的主教材《税务核算与申报》（ISBN 978-7-301-30342-9）筛选了七个项目，每个项目的开篇提炼总结了"基本知识目标"和"工作能力目标"。每个项目下设计了税法知识认知、税额计算、会计核算、纳税申报等学习性工作任务。每个任务中，设计了"选项辨析""业务解析""实务操作"等不同类型的题目，对疑难和重要知识点进行解读，从而将理论知识学习与实践应用训练融为一体，有利于理解接受、吸收应用。

4. 学做一体、形式灵活

本书每个项目包括两部分训练内容，既有对税务工作职业分析能力、判断能力的训练，又有对职业实践能力的训练。

第一部分为职业分析能力训练，主要对各项目知识点的职业分析能力、判断能力与应用能力进行单一训练和复合训练。该部分包括单选项辨析、多选项辨析、正误辨析和业务解析四种题型。本书所有题目的编排顺序与主教材中相关内容和知识点的先后顺序保持一致，这样便于与主教材配合开展"理实一体、学做合一"教学。

第二部分为职业实践能力训练，包括企业基础信息、能力目标、实训要求、实训耗材、实训资料等内容，主要对各项目的实践应用能力进行训练。本部分所用原始凭证都从企业实际业务中来，仿真性强，所用纳税申报表为当前最新、企业正在使用的表格。

上述两部分训练内容及其题型设计，形式多样、灵活，与主教材配合使用有利于实施"教学做一体化"和"理实一体化"教学，有利于提高课堂教学质量和学生学习效果。

本书由山东经贸职业学院教师编写，史新浩、姜久仿任主编，邵苗苗、闫菲任副主编。项目一、项目二、项目五由史新浩编写，项目三、项目七由姜久仿编写，项目四由邵苗苗编写，项目六由闫菲编写。

书中难免有不足之处，欢迎各位专家、老师和广大读者不吝指正。

编　者
2019 年 11 月

目　　录

项目一　税务核算与申报认知

第一部分　职业分析能力训练 ………… 1
　一、单选项辨析 ……………………… 1
　二、多选项辨析 ……………………… 2
　三、正误辨析 ………………………… 5
第二部分　职业实践能力训练 …………… 5
　一、能力目标 ………………………… 5
　二、实训要求 ………………………… 5
　三、实训耗材 ………………………… 6
　四、实训资料 ………………………… 6

项目二　增值税核算与申报

第一部分　职业分析能力训练 ………… 13
　一、单选项辨析 …………………… 13
　二、多选项辨析 …………………… 18
　三、正误辨析 ……………………… 21
　四、业务解析 ……………………… 22
第二部分　职业实践能力训练 ………… 29
　一、小规模纳税人的增值税纳税申报…
　　　　……………………………… 29
　二、一般纳税人的增值税纳税申报……
　　　　……………………………… 33

项目三　消费税核算与申报

第一部分　职业分析能力训练 ………… 66
　一、单选项辨析 …………………… 66
　二、多选项辨析 …………………… 68
　三、正误辨析 ……………………… 71
　四、业务解析 ……………………… 71
第二部分　职业实践能力训练 ………… 73

　一、企业基础信息 ………………… 73
　二、能力目标 ……………………… 73
　三、实训要求 ……………………… 74
　四、实训耗材 ……………………… 74
　五、实训资料 ……………………… 75

项目四　附加税核算与申报

第一部分　职业分析能力训练 ………… 85
　一、单选项辨析 …………………… 85
　二、多选项辨析 …………………… 87
　三、正误辨析 ……………………… 88
　四、业务解析 ……………………… 89
第二部分　职业实践能力训练 ………… 90
　一、企业基础信息 ………………… 90
　二、能力目标 ……………………… 91
　三、实训要求 ……………………… 91
　四、实训耗材 ……………………… 91
　五、实训资料 ……………………… 91

项目五　企业所得税核算与申报

第一部分　职业分析能力训练 ………… 94
　一、单选项辨析 …………………… 94
　二、多选项辨析 …………………… 100
　三、正误辨析 ……………………… 104
　四、业务解析 ……………………… 105
第二部分　职业实践能力训练 ………… 107
　一、企业基础信息 ………………… 107
　二、能力目标 ……………………… 108
　三、实训要求 ……………………… 108
　四、实训耗材 ……………………… 109
　五、实训资料 ……………………… 110

项目六　个人所得税核算与申报

第一部分　职业分析能力训练 …… 138
 一、单选项辨析 …………… 138
 二、多选项辨析 …………… 140
 三、正误辨析 ……………… 141
 四、业务解析 ……………… 142

第二部分　职业实践能力训练 …… 145
 一、企业基础信息 ………… 145
 二、能力目标 ……………… 146
 三、实训要求 ……………… 146
 四、实训耗材 ……………… 146
 五、实训资料 ……………… 147

项目七　其他税种核算与申报

第一部分　职业分析能力训练 …… 149
 一、单选项辨析 …………… 149
 二、多选项辨析 …………… 152
 三、正误辨析 ……………… 155
 四、业务解析 ……………… 156

第二部分　职业实践能力训练 …… 157
 实训一　房产税 …………… 158
 实训二　城镇土地使用税 … 162
 实训三　车船税 …………… 164
 实训四　印花税 …………… 167

项目一

税务核算与申报认知

第一部分 职业分析能力训练

一、单选项辨析（本题是对项目一知识点的分析能力、判断能力与应用能力的单一训练，需从每小题中选择出一个正确选项）

1. 按征税对象分类，增值税属于（　　）。
   A. 所得税　　　　　B. 财产税　　　　　C. 行为税　　　　　D. 流转税
2. （　　）是指课税对象的具体项目或课税对象的具体划分。
   A. 计税依据　　　　B. 税源　　　　　　C. 税目　　　　　　D. 税率
3. 下列不属于流转税的税种是（　　）。
   A. 增值税　　　　　B. 消费税　　　　　C. 关税　　　　　　D. 车船税
4. 下列税种中，属于价外税的是（　　）。
   A. 增值税　　　　　B. 消费税　　　　　C. 房产税　　　　　D. 资源税
5. 下列不属于行为税的税种是（　　）。
   A. 房产税　　　　　B. 印花税　　　　　C. 车船税　　　　　D. 契税
6. 属于中央和地方共享税的税种是（　　）。
   A. 消费税　　　　　B. 土地增值税　　　C. 增值税　　　　　D. 车辆购置税
7. 国税、地税机构合并前，属于国家税务局负责征收管理的税种是（　　）。
   A. 增值税　　　　　B. 关税　　　　　　C. 资源税　　　　　D. 耕地占用税
8. 下列选项中，不在"应交税费"科目核算的是（　　）。
   A. 房产税　　　　　B. 城镇土地使用税　C. 车船税　　　　　D. 车辆购置税
9. 税务登记不包括（　　）。
   A. 变更登记　　　　B. 停业、复业登记　C. 注销登记　　　　D. 临时登记
10. 从事生产经营的纳税人，应当自领取营业执照之日起（　　）日内申报办理税务登记。
    A. 15　　　　　　　B. 30　　　　　　　C. 10　　　　　　　D. 60
11. 纳税人已在工商行政管理机关办理变更登记的，应当自工商行政管理机关变更登记之日起（　　）日内，向原税务登记机关申报办理变更税务登记。
    A. 15　　　　　　　B. 30　　　　　　　C. 10　　　　　　　D. 60
12. 以下需要办理注销税务登记的情况是（　　）。
    A. 改变法定代表人　　　　　　　　　　B. 改变纳税人名称

  C. 改变主管税务机关　　　　　　　　D. 改变开户银行及账号

13. 纳税人被工商行政管理机关吊销营业执照的，应自营业执照被吊销之日起（　　）日内，向原税务登记机关申报办理注销税务登记。
  A. 15　　　　　　B. 30　　　　　　C. 10　　　　　　D. 60

14. 增值税一般纳税人取得的2017年7月1日及以后开具的增值税专用发票和机动车销售统一发票，应自开具之日起（　　）日内认证。
  A. 60　　　　　　B. 90　　　　　　C. 180　　　　　　D. 360

15. 关于增值税发票的说法，下列选项中不正确的是（　　）。
  A. 增值税专用发票是一般纳税人销售货物、应税劳务、服务、无形资产或不动产而开具的发票
  B. 增值税专用发票的第三联为抵扣联
  C. 一般纳税人取得增值税发票后，可以自愿使用增值税发票选择确认平台查询、选择用于申报抵扣的增值税发票信息
  D. 增值税普通发票的格式、字体、栏次、内容与增值税专用发票一致

16. 关于增值税发票的说法，下列选项中正确的是（　　）。
  A. 增值税普通发票（卷票）由纳税人自愿选用，重点在现代服务业纳税人中推广使用
  B. 增值税小规模纳税人销售服务的月销售额不超过3万元（按季纳税9万元）的，使用新系统开具增值税普通发票
  C. 国税机关使用新系统代开增值税专用发票，代开专用发票使用五联票
  D. 销售不动产的纳税人自行开具增值税发票时，应在备注栏注明不动产的详细地址

答案1.1.1

二、多选项辨析（本题是对项目一知识点的分析能力、判断能力与应用能力的复合训练，具有一定的综合性，需从每小题中选择出多个正确选项）

1. 按税收管理权限和税收收入的归属分类，可将税收分为（　　）。
  A. 中央税　　　　B. 地方税　　　　C. 中央地方共享税　　D. 临时税

2. 属于中央政府负责征收管理，收入归中央政府支配使用的税种是（　　）。
  A. 关税　　　　　B. 消费税　　　　C. 增值税　　　　D. 资源税

3. 按征税对象的性质不同，可将税收分为（　　）。
  A. 资源税　　　　B. 财产税　　　　C. 所得税　　　　D. 流转税

4. 纳税人同课税对象相比，课税对象是第一性的，是税收制度要素中的最基础要素，原因在于（　　）。
  A. 课税对象是一种税区别于另一种税的主要标志
  B. 课税对象体现着各种税的征税范围
  C. 税法其他要素的内容一般都是以课税对象为基础确定的
  D. 课税对象是国家据以征税的依据

5. 我国现行税制的纳税期限，主要有什么形式？（　　）
  A. 按期纳税　　　　　　　　　　　B. 按次纳税
  C. 按年计征，分期预缴或缴纳　　　D. 按月纳税

6. 企业会计工作中，涉及税收业务核算的会计科目有（　　）。
   A. 所得税费用　　　B. 递延所得税资产　C. 税金及附加　　D. 其他收益
7. 下列选项中，属于"应交税费"明细科目的有（　　）。
   A. 待抵扣进项税额　　　　　　　　B. 待认证进项税额
   C. 待转销项税额　　　　　　　　　D. 转让金融商品应交增值税
8. 下列选项中，应在"税金及附加"科目核算的有（　　）。
   A. 房产税　　　　　B. 车船税　　　　C. 城镇土地使用税　D. 印花税
9. 企业发生的各项涉及税收业务的会计核算，其核算依据包括（　　）。
   A. 纳税申报表　　　　　　　　　　B. 税收缴款书
   C. 电子缴税付款凭证　　　　　　　D. 关税专用缴款书
10. 关于账簿、凭证管理，下列叙述中正确的有（　　）。
    A. 从事生产、经营的纳税人应自其领取营业执照之日起 15 日内按规定设置账簿
    B. 扣缴义务人应当自法定扣缴义务发生之日起 10 日内，分别设置代扣代缴、代收代缴税款账簿
    C. 从事生产、经营的纳税人应当自领取营业执照之日起 15 日内，将其财务、会计制度或者财务、会计处理办法和会计核算软件报送主管税务机关备案
    D. 除法律、行政法规另有规定外，账簿、会计凭证、报表、完税凭证及其他有关资料应保存 10 年
11. 税务登记的类型包括（　　）。
    A. 设立税务登记　B. 变更税务登记　　C. 停业和复业登记　D. 注销税务登记
12. 纳税人申报办理设立税务登记时，应当向税务机关提供的证件资料有（　　）。
    A. 工商营业执照或其他核准执业证件　　B. 有关合同、章程、协议书
    C. 组织机构统一代码证书　　　　　　　D. 法定代表人居民身份证
13. 纳税人必须持税务登记证件办理的税务事项有（　　）。
    A. 开立银行账户
    B. 申请减税、免税、退税
    C. 领购发票
    D. 申请办理延期申报、延期缴纳税款
14. 纳税人办理注销税务登记前应当办理的手续有（　　）。
    A. 向原主管税务机关结清应纳税款、滞纳金、罚款
    B. 缴销原主管税务机关核发的税务登记证及其副本
    C. 缴销未使用的发票
    D. 缴销税务机关核发的其他证件
15. 纳税人发生下列哪些情形应当办理变更税务登记？（　　）
    A. 改变登记注册类型
    B. 改变注册（住所）地址或经营地址
    C. 改变经营范围、经营方式、经营期限
    D. 因住所、经营地点变动或产权关系变更而涉及改变主管税务机关

16. 纳税人发生下列哪些情形应当办理注销税务登记？（　　）
    A. 住所、经营地点变动但不涉及改变主管税务机关
    B. 企业由于改组、分立、合并等原因而被撤销
    C. 企业因资不抵债而破产或终止经营
    D. 纳税人被工商行政管理机关吊销营业执照

17. 下列纳税人不办理一般纳税人资格登记的是（　　）。
    A. 个体工商户以外的其他个人
    B. 选择按照小规模纳税人纳税的非企业性单位
    C. 选择按照小规模纳税人纳税的不经常发生应税行为的企业
    D. 应税销售额未超过小规模纳税人标准，会计核算健全，能够提供准确税务资料

18. 下列选项中，不得开具增值税专用发票的有（　　）。
    A. 一般纳税人销售货物或者提供应税劳务
    B. 商业企业一般纳税人零售的烟、酒、食品
    C. 销售免税货物
    D. 商业企业一般纳税人销售劳保专用品

19. 关于增值税专用发票的管理，下列选项中正确的有（　　）。
    A. 一般纳税人登录增值税发票选择确认平台，选择用于申报抵扣的专用发票信息
    B. 一般纳税人必须通过防伪税控系统开具增值税专用发票
    C. 专用发票的三联票包括：第一联记账联，第二联抵扣联，第三联发票联
    D. 小规模纳税人需要开具专用发票的，可向主管税务机关申请代开

20. 关于增值税普通发票的管理，下列选项中正确的有（　　）。
    A. 凡纳入"一机多票"系统的一般纳税人，自纳入之日起，一律使用全国统一的增值税普通发票，并通过防伪税控系统开具
    B. 增值税普通发票的格式、字体、栏次、内容与增值税专用发票完全一致，可以抵扣进项税额
    C. 增值税普通发票两联票包括：第一联记账联，第二联发票联
    D. 购买方为企业的，索取增值税普通发票时，应向销售方提供纳税人识别号或统一社会信用代码

21. 关于增值税发票的管理规定，下列叙述中正确的有（　　）。
    A. 增值税纳税人使用的发票由国家税务局管理
    B. 小规模纳税人销售货物的月销售额不超过3万元的，可以使用增值税发票管理新系统开具增值税普通发票、机动车销售统一发票、增值税电子普通发票
    C. 提供建筑服务的纳税人自行开具增值税发票时，应在发票的备注栏注明建筑服务发生地的县（市、区）名称
    D. 出租不动产的纳税人自行开具增值税发票时，应在备注栏注明不动产的详细地址

22. 可以自行开具增值税专用发票的增值税小规模纳税人有（　　）。
    A. 住宿业小规模纳税人
    B. 鉴证咨询业小规模纳税人

C. 建筑业小规模纳税人

D. 信息传输、软件和信息技术服务业小规模纳税人

三、正误辨析（本题是对项目一知识点的分析能力、判断能力的单一训练，需要给出每个命题正确或错误的判断）

1. 纳税权利和义务不属于税收制度要素。（   ）
2. 一种税区别于另一种税的主要标志是计税依据。（   ）
3. 与所得税费用必须按税法规定计算不同，"应交税费——应交所得税"科目发生额按会计准则计算确认。（   ）
4. 企业发生的各项涉及税收业务的会计核算，其核算依据至少应包括应纳税凭证和完税凭证两种。（   ）
5. 从事生产、经营的纳税人应当自领取税务登记证件之日起30日内，将其财务、会计制度或者财务、会计处理办法和会计核算软件报送主管税务机关备案。（   ）
6. 除法律、行政法规另有规定外，账簿、会计凭证、报表、完税凭证及其他有关资料应保存10年。（   ）
7. 从事生产、经营的纳税人领取工商营业执照的，应当自领取工商营业执照之日起30日内申报办理税务登记，由税务机关审核后发放税务登记证件。（   ）
8. 增值税纳税人年应税销售额超过财政部、国家税务总局规定的小规模纳税人标准的，除另有规定外，应当向主管税务机关办理一般纳税人资格认定。（   ）
9. 企业办理增值税一般纳税人登记时，应当向主管税务机关提交《增值税一般纳税人登记表》和税务登记证两项材料。（   ）
10. 增值税普通发票（卷票）由纳税人自愿选择使用，重点在生活性服务业纳税人中推广使用。（   ）
11. 增值税电子普通发票的法律效力、基本用途、基本使用规定等与税务机关监制的增值税普通发票相同。（   ）
12. 2018年1月1日以后使用ETC卡或用户卡交纳的通行费，以及ETC卡充值费可以开具收费公路通行费增值税电子普通发票，不再开具纸质票据。（   ）
13. ETC后付费客户和用户卡客户索取发票的，通过经营性收费公路的部分，在发票服务平台取得由收费公路经营管理单位开具的不征税发票。（   ）

第二部分 职业实践能力训练

一、能力目标

1. 能够办理新设企业的设立税务登记工作，准确填制《税务登记表》。
2. 能够办理变更税务登记工作，准确填制《变更税务登记表》。
3. 能够办理注销税务登记工作，准确填制《注销税务登记申请审批表》。

二、实训要求

1. 准备设立税务登记所需的材料。

2. 填制《税务登记表》，模拟进行新设企业的税务登记。

3. 假定 2019 年 3 月 1 日，法定代表人经股东会决定改由李淑华担任，经营地址变为青岛市海滨路 158 号，模拟进行变更登记，填制《变更税务登记表》。

4. 假定 2020 年 3 月 1 日股东会研究决定解散公司，模拟进行注销申请，填制《注销税务登记申请审批表》。

三、实训耗材

《税务登记表》1 张，《变更税务登记表》1 张，《注销税务登记申请审批表》1 张。

四、实训资料

1. 企业基本情况

企业名称：青岛索菲阳光度假村有限公司

企业类型：有限责任公司

注册资本：3000 万元

开户银行：中国银行青岛市青年路支行

账　　号：18010107770101020304

成立时间：2017 年 12 月 15 日

联系电话：0532-29000××

公司地址：山东省青岛市青年路 1234 号

经营范围：住宿、餐饮、娱乐、旅游等

法定代表人：张晓云

财务负责人：雷声

办 税 员：章红霞

从业人数：40 人

增值税发票管理：专门配备保险箱 1 个，开具专用发票办公室 1 间

统一社会信用代码：913702143300433949

单位网址：www.sfyg.com

企业法定代表人、财务人员、办税人员基本情况如表 1-1 所示。

表 1-1　企业法定代表人、财务人员、办税人员基本情况

项目	姓名	身份证件		固定电话	移动电话	电子邮箱
		种类	号码			
法定代表人	张晓云	居民身份证	37070219760606×××	0532-29231××	1503××××826	zhxy@126.com
财务负责人	雷声	居民身份证	37070219800316×××	0532-29231××	1503××××836	leish@126.com
办税人	章红霞	居民身份证	37070219880926×××	0532-29231××	1503××××846	zhhx@126.com

2. 相关资料

企业法人营业执照（副本）（图1-1）、开户许可证（图1-2）。

3. 相关表格

《税务登记表》（表1-2）、《变更税务登记表》（表1-3）、《注销税务登记申请审批表》（表1-4）。

```
             企业法人营业执照                    须知
                （副本）              1.《企业法人营业执照》是企业法人资格和合法经营的凭证。
                                   2.《企业法人营业执照》分为正本和副本，正本和副本具有
  名    称  青岛索菲阳光度假村有限公司       同等法律效力。
  住    所  山东省青岛市青年路1234号       3.《企业法人营业执照》正本应置于住所的醒目位置。
  法定代表人姓名 张晓云                 4.《企业法人营业执照》不得伪造、涂改、出租、出售、出
  注 册 资 本  叁仟万元                   借、转让。
  实 收 资 本  叁仟万元                5. 登记事项发生变化的，应当向公司登记机关申请变更登
                                     记，换领《企业法人营业执照》。
  公 司 类 型  有限责任公司             6. 每年三月一日至六月三十日，应当参加年度检验。
  经 营 范 围  住宿、餐饮、娱乐、旅游等   7.《企业法人营业执照》被吊销后，不得开展与清算无关的
                                     经营活动。
                                   8. 办理注销登记，应当交回《企业法人营业执照》正本和副
                                     本。
                                   9.《企业法人营业执照》遗失或损坏的，应当在公司登记机
                                     关的指定报刊上声明作废，申请补领。

  成立日期  二〇一七年十二月十五日
  营业期限  20年
```

图1-1　企业法人营业执照（副本）

```
                            开户许可证

  核准号：J3775001270702              编号：3710-01219088

     经审核，青岛索菲阳光度假村有限公司　符合开户条件，准予开立基本存款账户。法定代表人（单位
  负责人）张晓云，开户银行 中国银行青岛市青年路支行 ，
     账号：18010107770101020304 。
```

图1-2　开户许可证

表1-2 税务登记表
（适用单位纳税人）

填表日期：　　　年　　月　　日

纳税人名称			纳税人识别号		
登记注册类型			批准设立机关		
组织机构代码			批准设立证明或文件号		
开业(设立)日期		生产经营期限	证照名称		证照号码
注册地址			邮政编码		联系电话
生产经营地址			邮政编码		联系电话
核算方式	请选择对应项目打"√" □独立核算　□非独立核算			从业人数＿＿＿其中外籍人数＿＿＿	
单位性质	请选择对应项目打"√" □企业　□事业单位　□社会团体　□民办非企业单位　□其他				
网站网址			国标行业	□□　□□　□□　□□	
适用会计制度	请选择对应项目打"√"　　□企业会计制度　　□小企业会计制度 □金融企业会计制度　□行政事业单位会计制度				
经营范围：			请将法定代表人（负责人）身份证件复印件粘贴在此处。		

联系人	姓名	身份证件		固定电话	移动电话	电子邮箱
		种类	号码			
法定代表人						
财务负责人						
办税人						
税务代理人名称		纳税人识别号		联系电话		电子邮箱

注册资本或投资总额	币种	金额	币种	金额	币种	金额

投资方名称	投资方经济性质	投资比例	证件种类	证件号码	国籍或地址

自然人投资比例		外资投资比例		国有投资比例	
分支机构名称		注册地址		纳税人识别号	

续表

总机构名称			纳税人识别号		
注册地址			经营范围		
法定代表人姓名		联系电话		注册地址邮政编码	
代扣代缴、代收代缴税款业务情况	代扣代缴、代收代缴税款业务内容			代扣代缴、代收代缴税种	

附报资料：

经办人签章：	法定代表人（负责人）签章：	纳税人公章：
年　　月　　日	年　　月　　日	年　　月　　日

国家税务总局监制

填表说明

（1）本表适用于各类单位纳税人填用。

（2）从事生产、经营的纳税人应当自领取营业执照，或者自有关部门批准设立之日起30日内，或者自纳税义务发生之日起30日内，到税务机关领取税务登记表，填写完整后提交税务机关，办理税务登记。

（3）办理税务登记应当出示、提供以下证件资料（所提供资料原件用于税务机关审核，复印件留存税务机关）。

① 营业执照副本或其他核准执业证件原件及其复印件。

② 组织机构代码证书副本原件及其复印件。

③ 注册地址及生产、经营地址证明（产权证、租赁协议）原件及其复印件；如为自有房产，请提供产权证或买卖契约等合法的产权证明原件及其复印件；如为租赁的场所，请提供租赁协议原件及其复印件，出租人为自然人的还须提供产权证明的复印件；如生产、经营地址与注册地址不一致，请分别提供相应证明。

④ 公司章程复印件。

⑤ 有权机关出具的验资报告或评估报告原件及其复印件。

⑥ 法定代表人（负责人）居民身份证、护照或其他证明身份的合法证件原件及其复印件；复印件分别粘贴在税务登记表的相应位置上。

⑦ 纳税人跨县（市、区）设立的分支机构办理税务登记时，还须提供总机构的税务登记证（国、地税）副本复印件。

⑧ 改组改制企业还须提供有关改组改制的批文原件及其复印件。

⑨ 税务机关要求提供的其他证件资料。

（4）纳税人应向税务机关申报办理税务登记。完整、真实、准确、按时地填写此表。

（5）使用碳素或蓝墨水的钢笔填写本表。

（6）本表一式二份（国地税联办税务登记的本表一式三份）。税务机关留存一份，退回纳税人一份（纳税人应妥善保管，验换证时需携带查验）。

（7）纳税人在新办或者换发税务登记时应报送房产、土地和车船有关证件，包括房屋产权证、土地使用证、机动车行驶证等证件的复印件。

（8）表中有关栏目的填写说明如下。

① "纳税人名称"栏：指《企业法人营业执照》或《营业执照》或有关核准执业证书上的"名称"。

② "身份证件"栏：一般填写"居民身份证"，如无身份证，则填写"军官证""士兵证""护照"等有效身份证件。

③ "注册地址"栏：指工商营业执照或其他有关核准开业证照上的地址。

④ "生产经营地址"栏：填写办理税务登记的机构生产经营地地址。

⑤ "国籍或地址"栏：外国投资者填国籍，中国投资者填地址。

⑥ "登记注册类型"栏：即经济类型，按营业执照的内容填写；不需要领取营业执照的，选择"非企业单位"或者"港、澳、台商企业常驻代表机构及其他""外国企业"；如为分支机构，按总机构的经济类型填写。

分类标准：

110 国有企业　　　　　　120 集体企业　　　　　　130 股份合作企业
141 国有联营企业　　　　142 集体联营企业　　　　143 国有与集体联营企业
149 其他联营企业　　　　151 国有独资公司　　　　159 其他有限责任公司
160 股份有限公司　　　　171 私营独资企业　　　　172 私营合伙企业
173 私营有限责任公司　　174 私营股份有限公司　　190 其他企业
210 合资经营企业（港或澳、台资）　　　　220 合作经营企业（港或澳、台资）
230 港、澳、台商独资经营企业　　　　　　240 港、澳、台商独资股份有限公司
310 中外合资经营企业　　　　　　　　　　320 中外合作经营企业
330 外资企业　　　　　　　　　　　　　　340 外商投资股份有限公司
400 港、澳、台商企业常驻代表机构及其他　500 外国企业
600 非企业单位

⑦ "投资方经济性质"栏：单位投资的，按其登记注册类型填写；个人投资的，填写自然人。

⑧ "证件种类"栏：单位投资的，填写其组织机构代码证；个人投资的，填写其身份证件名称。

⑨ "国标行业"栏：按纳税人从事生产经营行业的主次顺序填写，其中第一个行业填写纳税人的主行业。

表1-3 变更税务登记表

纳税人名称			纳税人识别号	
变更登记事项					
序号	变更项目	变更前内容	变更后内容	批准机关名称及文件

送缴证件情况：

纳税人：

    经办人：　　　　　　法定代表人（负责人）：　　　　　纳税人（签章）：
      年　月　日　　　　　　　年　月　日　　　　　　　　年　月　日

经办税务机关审核意见：

    经办人：　　　　　　负责人：　　　　　　　　税务机关（签章）：
      年　月　日　　　　　　年　月　日　　　　　　　　　年　月　日

使用说明

（1）本表适用于各类纳税人变更税务登记填用。

（2）报送此表时还应附送如下资料。

① 税务登记变更内容与工商行政管理部门登记变更内容一致的应提交：工商执照及工商变更登记表复印件；纳税人变更登记内容的决议及有关证明文件；主管税务机关发放的原税务登记证件（税务登记证正、副本和税务登记表等）；主管税务机关需要的其他资料。

② 变更税务登记内容与工商行政管理部门登记内容无关的应提交：纳税人变更登记内容的决议及有关证明、资料；主管税务机关需要的其他资料。

（3）变更项目：填写需要变更的税务登记项目。

（4）变更前内容：填写变更税务登记前的登记内容。

（5）变更后内容：填写变更后的登记内容。

（6）批准机关名称及文件：凡需要经过批准才能变更的项目须填写此项。

（7）本表一式二份，税务机关一份，纳税人一份。

表1-4 注销税务登记申请审批表

纳税人名称		纳税人识别号	
注销原因			
附送资料			

纳税人：

经办人：　　　　　　　　法定代表人（负责人）：　　　　　　　　纳税人（签章）
　年　月　日　　　　　　　年　月　日　　　　　　　　　　　　　年　月　日

以下由税务机关填写			
受理时间	经办人： 年　月　日	负责人： 年　月　日	
清缴税款、滞纳金、罚款情况	经办人： 年　月　日	负责人： 年　月　日	
缴销发票情况	经办人： 年　月　日	负责人： 年　月　日	
税务检查意见	检查人员： 年　月　日	负责人： 年　月　日	
收缴税务证件情况	种类	税务登记证正本	税务登记证副本	临时税务登记证正本	临时税务登记证副本
	收缴数量				
	经办人： 年　月　日		负责人： 年　月　日	
批准意见	部门负责人： 年　月　日		税务机关（签章） 年　月　日	

使用说明

（1）本表依据《税收征收管理法实施细则》第十五条设置。

（2）适用范围：纳税人发生解散、破产、撤销、被吊销营业执照及其他情形而依法终止纳税义务，或者因住所、经营地点变动而涉及改变税务登记机关的，向原税务登记机关申报办理注销税务登记时使用。

（3）填表说明如下。

① 附送资料：填写附报的有关注销的文件和证明资料。

② 清缴税款、滞纳金、罚款情况：填写纳税人应纳税款、滞纳金、罚款缴纳情况。

③ 缴销发票情况：纳税人发票领购簿及发票缴销情况。

税务检查意见：检查人员对需要清查的纳税人，在纳税人缴清查补的税款、滞纳金、罚款后签署意见。

④ 收缴税务证件情况：在相应的栏内填写收缴数量并签字确认，收缴的证件如果为"临时税务登记证"，添加"临时"字样。

答案1.2

（4）本表为A4型竖式，一式两份，税务机关一份，纳税人一份。

项目二 增值税核算与申报

第一部分 职业分析能力训练

一、单选项辨析（本题是对项目二知识点的分析能力、判断能力与应用能力的单一训练，需从每小题中选择出一个正确选项）

1. 《中华人民共和国增值税暂行条例》中所称的"货物"，是指（   ）。
   A. 有形动产   B. 有形资产   C. 不动产   D. 无形资产

2. 《中华人民共和国增值税暂行条例》中所称的"应税劳务"，是指（   ）。
   A. 提供交通运输服务   B. 提供加工、修理修配劳务
   C. 销售无形资产   D. 提供建筑服务

3. 下列选项中，不属于"建筑服务"征税范围的是（   ）。
   A. 安装服务   B. 修缮服务   C. 不动产租赁服务   D. 装饰服务

4. 下列选项中，不属于"现代服务"征税范围的是（   ）。
   A. 文化体育服务   B. 广播影视服务   C. 物流辅助服务   D. 鉴证咨询服务

5. 下列选项中，不属于"生活服务"征税范围的是（   ）。
   A. 医疗服务   B. 旅游服务   C. 餐饮服务   D. 咨询服务

6. 下列选项中，属于"商务辅助服务"征税范围的是（   ）。
   A. 仓储服务   B. 车辆停放服务   C. 鉴证服务   D. 经纪代理服务

7. 下列经营行为中，属于视同销售货物的是（   ）。
   A. 某厂家委托商店代销货物
   B. 某生产企业外购钢材用于扩建厂房
   C. 销售古旧图书
   D. 某化工厂销售产品，购方尚未付款

8. 下列行为中，不属于视同销售货物的是（   ）。
   A. 将委托加工的货物无偿赠送他人
   B. 将自产的货物作为投资
   C. 将货物交付他人代销
   D. 在同一县（市、区）设有两个以上机构并实行统一核算的纳税人，将货物从一个机构移送至其他机构用于销售

9. 下列选项中，属于视同销售行为的是（   ）。

A. 将购买的货物用于免税项目　　　　B. 将购买的货物委托外单位加工
C. 将购买的货物无偿赠送他人　　　　D. 将购买的货物用于集体福利

10. 下列经营行为中，属于混合销售行为的是（　　）。
    A. 某商场既销售税率为13%的家用电器，又销售税率为9%的化肥、农药等
    B. 某家具厂从事批发家具的同时还对外承揽室内装修业务
    C. 某建筑公司为某单位盖房，双方议定由建筑公司包工包料，一并核算
    D. 某农业机械厂既生产销售税率为9%的农机，又从事加工修理修配业务

11. 下列货物中按9%税率计算销项税额的有（　　）。
    A. 农机零件　　　B. 方便面　　　C. 水果罐头　　　D. 农业机械

12. 下列物品，不属于免征增值税的是（　　）。
    A. 由残疾人组织直接进口供残疾人专用的轮椅
    B. 古旧图书
    C. 农业生产者销售的自产农产品
    D. 一般纳税人销售自己使用过的摩托车

13. 下列项目在计算增值税时应计入销售额的是（　　）。
    A. 销售方向购买方收取的销项税额
    B. 受托加工应征消费税的消费品所代收代缴的消费税
    C. 代为收取并符合规定的政府性基金或者行政事业性收费
    D. 价外向购买方收取的手续费、包装物租金、运输装卸费

14. 甲公司（一般纳税人）2019年7月销售一批货物，售价100万元（不含税），同时向买方收取了11.3万元的包装物租金，该项销售货物的销项税额为（　　）万元。
    A. 14.3　　　B. 18.7　　　C. 17.8　　　D. 17.6

15. 某增值税一般纳税人属于零售企业，2019年8月份实现销售额为339万元，该企业当月计税销售额应为（　　）万元。
    A. 200　　　B. 300　　　C. 260　　　D. 350

16. 某公司（一般纳税人）2019年9月向甲企业销售一台自产的机器设备，增值税专用发票注明价款20万元、税额2.6万元。同时，向甲企业收取设备安装服务费1.09万元，开具了普通发票。该公司应确认的销项税额为（　　）元。
    A. 1 100　　　B. 34 000　　　C. 26 900　　　D. 35 612.82

17. 某公司（一般纳税人）2019年10月向甲企业销售产品一批，开具的增值税专用发票上注明价款10万元、税额1.3万元，同时提供该批产品的运输服务，向甲企业收取运费1.13万元，开具了普通发票。该公司应确认的销项税额为（　　）元。
    A. 17 000　　　B. 1 700　　　C. 14 300　　　D. 18 989

18. 某服装厂（一般纳税人）将自产服装作为福利发给本厂职工，该批服装成本共计15万元，成本利润率为10%，按当月同类产品平均售价计算为21万元，则计税销售额为（　　）万元。
    A. 15　　　B. 16.5　　　C. 11　　　D. 21

19. 某增值税一般纳税人2019年1月处置一笔交易性金融资产（股票），取得处置

收入3万元,其买入成本为1.94万元。则金融商品转让应确认的销项税额为( )元。

A. 600　　　　　B. 10 600　　　　　C. 10 291　　　　　D. 308.74

20. 某增值税一般纳税人提供知识产权代理服务,2019年2月收取代理费106万元(含税),代委托方支付的行政事业性费用95.4万元。则纳税人的增值税应纳税额为( )元。

A. 60 000　　　　B. 6 000　　　　　C. 54 000　　　　　D. 30 873

21. 甲公司(一般纳税人)2019年9月销售给乙企业一批货物2 000件,单位售价200元(不含税)。由于乙企业购买数量较多,甲公司按原价的8折优惠销售(折扣额与销售额开在一张专用发票上),并提供1/10、n/20销售折扣。乙企业于10日内付款。甲公司此项业务的销项税额为( )元。

A. 61 200　　　　B. 41 600　　　　C. 68 200　　　　　D. 68 960

22. 某啤酒厂为一般纳税人,2019年10月份销售啤酒取得不含税销售额800万元,另收取包装物押金226万元;本月没收逾期未还啤酒包装物的押金56.5万元。该啤酒厂当期增值税销项税额为( )万元。

A. 110.5　　　　B. 144.5　　　　C. 116.24　　　　　D. 145.95

23. 某黄酒厂(一般纳税人)2019年11月份销售黄酒的不含税销售额为100万元,发出货物收取包装物押金为5.65万元。该黄酒厂当期增值税销项税额为( )万元。

A. 13　　　　　B. 17.85　　　　　C. 117.99　　　　　D. 16

24. 下列选项中,即使取得法定扣税凭证,也不得从销项税额中抵扣进项税额的是( )。

A. 购进的用于简易计税方法计税项目的货物
B. 购进的用于应税项目的免税农业产品
C. 购进的用于对外投资的货物
D. 一般纳税人外购材料支付的运费

25. 某一般纳税人2019年8月份外购原材料一批,取得增值税专用发票注明价款100 000元,取得运输企业开具的增值税专用发票注明价款10 000元。该笔业务可以抵扣的进项税额为( )元。

A. 13 900　　　　B. 1 700　　　　　C. 18 700　　　　　D. 18 100

26. 2019年10月份,某增值税一般纳税人因管理不善造成库存材料被盗,该批原材料实际成本为50万元,其中包括运费1万元。则该批材料应转出的进项税额为( )万元。

A. 8.33　　　　B. 5.5　　　　　C. 6.46　　　　　D. 8.5

27. 2019年6月,某一般纳税人购进一栋大楼用作办公场所,取得的增值税专用发票注明金额100万元、税额9万元。当月可以抵扣的进项税额为( )万元。

A. 10　　　　　B. 9　　　　　C. 5.4　　　　　D. 3.6

28. 某一般纳税人2019年9月以购入一栋楼用作生产经营场所,取得增值税专用发票注明金额1 000万元、税额90万元,该资产折旧年限为20年,预计净残值60万元。2020年9月，将该生产经营场所改造为职工宿舍。则2020年9月该项资产不得抵扣的进项税额为（　　）万元。

A. 105.655　　　　B. 85.77　　　　C. 42.262　　　　D. 110

29. 某建筑企业为一般纳税人（适用一般计税方法），2019年10月跨县（市、区）提供建筑服务实现收入5 550万元，支付分包款972万元，不考虑其他因素。则该企业本月增值税应预缴税额为（　　）万元。

A. 84　　　　B. 74　　　　C. 258　　　　D. 292

30. 某公司为一般纳税人，2019年11月出租一处与机构所在地不在同一县（市、区）的房产，取得当月租金收入43 600元（含税），该房产系2016年5月1日后取得。则该公司当月增值税应预缴税额为（　　）元。

A. 1 200　　　　B. 300　　　　C. 1 100　　　　D. 2 200

31. 甲企业（一般纳税人）2019年10月销售一处旧仓库，开具普通发票注明金额77万元，该仓库购置原价56万元，系2016年5月30日购得。则该企业当月增值税应预缴税额为（　　）万元。

A. 6　　　　B. 0.1　　　　C. 1　　　　D. 0.6

32. 某企业为一般纳税人，2019年8月销售自己使用过的旧设备一台，取得不含税收入60万元；该设备2015年购入时取得了增值税专用发票，注明价款80万元，已抵扣进项税额。该企业销售此设备应缴纳增值税（　　）万元。

A. 0　　　　B. 1.2　　　　C. 9.6　　　　D. 7.8

33. 某建筑公司为小规模纳税人（机构在A县），2019年4月在B县提供建筑服务，合同总金额103万元，支付分包款41.2万元。则该公司当月增值税应预缴税额为（　　）万元。

A. 3　　　　B. 0.3　　　　C. 1.8　　　　D. 1.2

34. 某商店为小规模纳税人，2019年12月份取得含税销售收入123 600元，当月购进商品共支付价款81 900元。该商店当月增值税应纳税额为（　　）元。

A. 3 600　　　　B. 3 708　　　　C. 8 652　　　　D. 12 000

35. 某小规模纳税企业本月购入材料一批，取得的增值税专用发票中注明货款100万元、税额17万元。本月销售产品一批，开出的增值税普通发票中注明货款为206万元（含税）。该企业本月应缴纳增值税（　　）万元。

A. −11　　　　B. 17　　　　C. 6　　　　D. 0

36. 小规模纳税人纳税申报时达到规定的免税条件，应将有关应交增值税转入当期损益，借记"应交税费——应交增值税"科目，贷记（　　）科目。

A. 主营业务收入　　B. 其他收益　　C. 其他业务收入　　D. 投资收益

37. 一般纳税人企业收购农产品一批，支付价款30 000元，另付运费1 000元，取得运费增值税专用发票。则记入"应交税费——应交增值税（进项税额）"账户的金额为（　　）元。

A. 3 170　　　　B. 3 970　　　　C. 2 790　　　　D. 4 100

38. 一般纳税人已抵扣进项税额的不动产改变用途，专用于集体福利，则按照公式计算不得抵扣的进项税额，应借记（　　）科目，贷记"应交税费——应交增值税

（进项税额转出）"科目。
   A. 固定资产　　　　　　　　　　B. 应交税费——待认证进项税额
   C. 在建工程　　　　　　　　　　D. 应交税费——待抵扣进项税额

39. 一般纳税人出售使用过的购进时未记入进项税额抵扣的固定资产，依照3%征收率减按2%征收增值税，按照计算的应交税额，借记"固定资产清理"科目，贷记（　　）科目。
   A. 应交税费——待抵扣进项税额
   B. 应交税费——简易计税
   C. 应交税费——应交增值税
   D. 应交税费——应交增值税（销项税额）

40. 会计确认收入的时点早于增值税纳税义务发生时点的，应在确认收入时将相关销项税额贷记（　　）科目。
   A. 应交税费——待转销项税额
   B. 应交税费——简易计税
   C. 应交税费——应交增值税
   D. 应交税费——应交增值税（销项税额）

41. 一般纳税人将自产的货物用于对外捐赠时，应借记（　　）科目，贷记"库存商品""应交税费——应交增值税（销项税额）"科目。
   A. 长期股权投资　　　　　　　　B. 应付职工薪酬
   C. 应付股利　　　　　　　　　　D. 营业外支出

42. 采用一般计税方法的一般纳税人预缴增值税时，应借记（　　）科目，贷记"银行存款"科目。
   A. 应交税费——预交增值税
   B. 应交税费——应交增值税（进项税额）
   C. 应交税费——简易计税
   D. 应交税费——应交增值税（销项税额抵减）

43. 某商贸公司为增值税一般纳税人，11月8日上缴10月份应纳增值税税额148 000元，则正确的会计处理为（　　）。
   A. 借：应交税费——应交增值税（已交税金）　　　148 000
   　　贷：银行存款　　　　　　　　　　　　　　　　　148 000
   B. 借：应交税费——未交增值税　　　　　　　　　148 000
   　　贷：应交税费——应交增值税（转出未交增值税）　148 000
   C. 借：以前年度损益调整　　　　　　　　　　　　148 000
   　　贷：银行存款　　　　　　　　　　　　　　　　　148 000
   D. 借：应交税费——未交增值税　　　　　　　　　148 000
   　　贷：银行存款　　　　　　　　　　　　　　　　　148 000

44. 销售方采取预收货款方式销售货物，其增值税纳税义务发生的时间为（　　）。
   A. 货物发出的当天
   B. 合同约定收款日期的当天

C. 收到销售款或者取得索取销售款凭据的当天
D. 收到预收款的当天

45. 增值税纳税人以 1 个月为 1 个纳税期的，纳税申报期限为自期满之日起（   ）。
   A. 5 日内   B. 10 日内   C. 15 日内   D. 20 日内

答案2.1.1

二、多选项辨析（本题是对项目二知识点的分析能力、判断能力与应用能力的复合训练，具有一定的综合性，需从每小题中选择出多个正确选项）

1. 增值税的征税范围包括（   ）。
   A. 销售无形资产或不动产   B. 销售服务
   C. 提供加工、修理修配劳务   D. 进口货物

2. 下列选项中，属于"交通运输服务"征税范围的有（   ）。
   A. 陆路运输服务   B. 水路运输服务   C. 管道运输服务   D. 航空运输服务

3. 金融服务是指经营金融保险的业务活动，其征税范围包括（   ）。
   A. 贷款服务   B. 直接收费金融服务
   C. 保险服务   D. 金融商品转让

4. 下列选项中，属于"现代服务"征税范围的有（   ）。
   A. 研发服务   B. 教育服务   C. 会计鉴证   D. 代理记账

5. 下列选项中，属于"生活服务"征税范围的有（   ）。
   A. 体育服务   B. 设计服务   C. 娱乐服务   D. 住宿服务

6. 税法中的无形资产，包括（   ）。
   A. 非专利技术   B. 商标
   C. 商誉   D. 自然资源使用权

7. 不动产是指不能移动或者移动后会引起性质、形状改变的财产，包括（   ）。
   A. 住宅   B. 道路   C. 土地使用权   D. 营业用房

8. 单位和个体经营者发生的以下行为中，属于增值税视同销售行为的有（   ）。
   A. 将自产的货物用于集体福利或者个人消费
   B. 将购进的货物作为投资，提供给其他单位
   C. 将自产、委托加工或者购进的货物分配给股东或者投资者
   D. 个体工商户向其他单位无偿转让不动产（不含用于公益事业或以社会公众为对象）

9. 下列条件中，可以登记为增值税一般纳税人的有（   ）。
   A. 销售货物或者提供应税劳务的企业，年应税销售额超过 50 万元
   B. 年应税销售额超过 500 万元的餐饮企业
   C. 年应税销售额超过 500 万元的个人
   D. 从事货物批发或零售的企业，年应税销售额超过 500 万元

10. 关于一般纳税人和小规模纳税人的划分，下列说法中正确的有（   ）。
    A. 非企业性单位、不经常发生应税行为的企业，可选择按小规模纳税人纳税
    B. 小规模纳税人偶然发生的转让不动产的销售额，应计入年应税销售额
    C. 个体工商户以外的其他个人不办理一般纳税人资格登记

D. 除国家税务总局另有规定外，一经登记为一般纳税人后，不得转为小规模纳税人

11. 适用于增值税一般纳税人的税率有（　　）。
　　A. 13%　　　　　B. 3%　　　　　C. 9%　　　　　D. 6%
12. 下列货物中，适用9%税率征收增值税的有（　　）。
　　A. 一般纳税人销售的外购农产品　　B. 一般纳税人提供的建筑服务
　　C. 一般纳税人销售的居民用煤炭制品　　D. 一般纳税人销售的有色矿产品
13. 下列行为中，适用3%征收率的有（　　）。
　　A. 小规模纳税人销售自己使用过的固定资产
　　B. 小规模纳税人销售不动产
　　C. 一般纳税人批发、零售抗癌药品
　　D. 一般纳税人提供建筑服务，选择适用简易计税方法计税
14. 下列选项中，免征增值税的有（　　）。
　　A. 各类药品、医疗器械
　　B. 向社会收购的古书和旧书
　　C. 由残疾人组织直接进口供残疾人专用的物品
　　D. 外国政府、国际组织无偿援助的进口物资和设备
15. 纳税人发生的下列行为中，属于免征增值税项目的有（　　）。
　　A. 残疾人福利机构提供的商品外卖服务
　　B. 农业生产者销售的自产农产品
　　C. 国债和地方政府债利息收入
　　D. 学生勤工俭学提供的服务
16. 纳税人销售货物或提供应税劳务向购买方收取的价外费用应并入销售额计算纳税，但价外费用不包括（　　）。
　　A. 向购买方收取的销项税额
　　B. 受托加工应征消费税的消费品所代收代缴的消费税
　　C. 以委托方名义开具发票代委托方收取的款项
　　D. 代为收取并符合规定的政府性基金或者行政事业性收费
17. 销售（　　）等酒类产品而收取的包装物押金，收取时要计入其销售额征税。
　　A. 啤酒　　　　B. 黄酒　　　　C. 粮食白酒　　　　D. 薯类白酒
18. 下列可以从计税销售额中扣除的选项有（　　）。
　　A. 折扣销售的折扣额与销售额开在专用发票的金额栏
　　B. 销售折扣额（现金折扣）
　　C. 开具红字专用发票的销售折让额
　　D. 折扣额与销售额开在同一张发票，但折扣额在备注栏
19. 纳税人发生的下列经济业务，允许采用差额征税的有（　　）。
　　A. 经纪代理服务　　　　　　　B. 航空运输服务
　　C. 客运场站服务　　　　　　　D. 销售房地产新项目
20. 下列选项中，属于一般纳税人合法扣税凭证的有（　　）。

A. 从销售方取得的税控机动车销售统一发票

B. 税收完税凭证

C. 农产品收购发票或者销售发票

D. 收费公路通行费增值税电子普通发票

21. 一般纳税人已抵扣进项税额的购进货物，发生以下哪种情形时应做进项税额转出处理？（   ）

  A. 发生非正常损失   B. 用于集体福利或者个人消费

  C. 用于交际应酬消费   D. 用于向股东分配利润

22. 增值税一般纳税人发生的下列业务中，应将其已申报抵扣的进项税额从发生期进项税额中转出的有（   ）。

  A. 外购材料发生的管理不善损失   B. 将外购货物用于简易计税项目

  C. 将委托加工收回的货物用于投资   D. 将购进原材料用于集体福利

23. 对纳税人销售自己使用过的固定资产和旧货，适用的增值税税收政策是（   ）。

  A. 一般纳税人销售自己使用过的不得抵扣且未抵扣进项的固定资产，依照3%征收率减按2%征收增值税

  B. 一般纳税人销售自己使用过的可以抵扣进项税额且已经抵扣的固定资产，按照适用税率征收，税率一般为13%

  C. 小规模纳税人销售自己使用过的固定资产和旧货，依照3%征收率减按2%征收增值税

  D. 一般纳税人销售自己使用过的除物品以外的旧货，依照3%征收率减按2%征收增值税

24. 下列发生的增值税，会计核算时应计入有关资产成本的有（   ）。

  A. 一般纳税人以库存商品对外投资应交的增值税

  B. 一般纳税人购入生产设备支付的增值税

  C. 小规模纳税人购入商品支付的增值税

  D. 小规模纳税人购入生产设备支付的增值税

25. 纳税人初次购买增值税税控系统专用设备支付的费用以及缴纳的技术维护费允许在增值税应纳税额中全额抵减的，借记（   ）科目，贷记"管理费用"等科目。

  A. 应交税费——应交增值税

  B. 应交税费——应交增值税（减免税款）

  C. 应交税费——应交增值税（销项税额）

  D. 应交税费——应交增值税（进项税额转出）

26. 一般纳税人发生的差额征税项目，应按照允许抵扣的税额借记（   ）科目，贷记"主营业务成本""存货""工程施工"等科目。

  A. 应交税费——预交增值税

  B. 应交税费——应交增值税（进项税额）

  C. 应交税费——简易计税

  D. 应交税费——应交增值税（销项税额抵减）

27. 下列选项中，关于增值税纳税义务发生时间的规定，正确的有（　　）。
    A. 采取预收货款方式销货时，为货物发出的当天
    B. 采取预收货款方式提供建筑服务时，为收到预收款的当天
    C. 采取托收承付和委托银行收款方式销货的，为发出货物并办妥托收手续的当天
    D. 采取托收承付和委托银行收款方式销货的，为收到货款的当天
28. 下列选项中，关于纳税义务发生时间、纳税期限的规定，不正确的有（　　）。
    A. 提供租赁服务采取预收款方式的，其纳税义务发生时间为租赁服务发生的当天
    B. 发生视同销售货物情形的，其纳税义务发生时间为货物权属变更的当天
    C. 以1个季度为1个纳税期的，自期满之日起25日内申报纳税
    D. 从事金融商品转让的，为金融商品使用权转移的当天

答案2.1.2

三、正误辨析（本题是对项目二知识点的分析能力、判断能力的单一训练，需要给出每个命题正确或错误的判断）

1. 自2019年1月1日至2021年12月31日，小规模纳税人发生增值税应税销售行为，合计月销售额未超过3万元（季度销售额未超过9万元）的，免征增值税。（　　）
2. 初次购买增值税税控系统专用设备支付的费用，可凭取得的增值税普通发票，在增值税应纳税额中全额抵减。（　　）
3. 增值税的计税方法包括一般计税方法和简易计税方法。（　　）
4. 向小规模纳税人购进农产品取得增值税专用发票的，按照专用发票上注明的金额和10%扣除率计算的进项税额予以抵扣。（　　）
5. 用于简易计税方法计税项目、免征增值税项目的购进劳务、服务、无形资产和不动产，其进项税额可以从销项税额中抵扣。（　　）
6. 纳税人接受贷款服务向贷款方支付的全部利息，以及与该笔贷款直接相关的投融资顾问费、手续费、咨询费等费用，其进项税额不得从销项税额中抵扣。（　　）
7. 纳税人购进国内旅客运输服务，其进项税额不允许从销项税额中抵扣。（　　）
8. 自2019年4月1日至2021年12月31日，允许生产、生活性服务业纳税人按照当期可抵扣进项税额加计10%，抵减应纳税额。（　　）
9. 销售不动产、提供不动产经营租赁服务的小规模纳税人和按照简易计税方法计税的一般纳税人，适用3%的征收率计算应纳税额。（　　）
10. 房地产开发企业中的小规模纳税人，销售自行开发的房地产项目，按照5%的征收率计算应纳税额。（　　）
11. 小规模纳税人依据税收规定需要预缴增值税的，按照计算的增值税预缴税额，借记"应交税费——预交增值税"科目，贷记"银行存款"科目。（　　）
12. "销项税额抵减"专栏，记录一般纳税人按照现行增值税制度规定因扣减销售额而减少的销项税额。（　　）
13. 一般纳税人按现行增值税制度规定转出的进项税额，借记相关成本费用或资产科目，贷记"应交税费——应交增值税（进项税额转出）"科目。（　　）
14. 一般纳税人简易计税项目应预缴的增值税税额，通过"应交税费——预交增值税"科目核算。（　　）

15. 月末，一般纳税人应将"预交增值税"明细科目余额转入"未交增值税"明细科目，借记"应交税费——预交增值税"科目，贷记"应交税费——未交增值税"科目。（ ）

16. 一般纳税人当月应交未交的增值税，应借记"应交税费——未交增值税"科目，贷记"应交税费——应交增值税（转出未交增值税）"科目。（ ）

17. 纳税人发生视同销售情形的，其纳税义务发生时间为货物移送的当天、服务及无形资产转让完成的当天或不动产权属变更的当天。（ ）

18. 以1个季度为纳税期限的规定，适用于小规模纳税人、银行、财务公司、信托投资公司、信用社等，以及财政部和国家税务总局规定的其他纳税人。（ ）

19. 总机构和分支机构不在同一县（市、区）的，应当向总机构所在地的主管税务机关申报纳税。（ ）

20. 纳税人跨县（市、区）提供建筑服务，应向建筑服务发生地主管税务机关申报纳税。（ ）

答案2.1.3

四、业务解析

业务（一）

1. 业务资料

某公司为增值税一般纳税人，2018年12月发生一笔金融商品转让业务，销售持有的甲企业股票，取得转让收入6万元，开具了增值税普通发票，其买入成本为3.88万元。该笔金融商品转让业务作为交易性金融资产处置处理。

2. 工作要求

（1）计算该笔金融商品转让业务的计税销售额。
（2）计算该笔金融商品转让业务的销项税额。
（3）编制金融商品转让业务的会计分录。

业务（二）

1. 业务资料

某公司为增值税一般纳税人，提供知识产权代理服务，2019年1月收取代理费共计106万元，代委托方支付的行政事业性收费为84.8万元，取得省级财政部门监制的财政票据。

2. 工作要求

（1）计算经纪代理服务的应纳税额。
（2）编制收取代理费的会计分录。
（3）编制代委托方支付行政事业性收费的会计分录。
（4）编制取得行政事业性收费财政票据的会计分录。

业务（三）

1. 业务资料

某房地产开发企业是增值税一般纳税人，2019 年 9 月 1 日开工一处商品房项目，该项目可供销售建筑面积为 9 900 平方米，支付土地出让金 10 000 万元。同年 11 月，销售该项目 2 475 平方米，取得预收款 9 040 万元。增值税纳税义务尚未产生，不考虑其他因素。

2. 工作要求

（1）计算 11 月份商品房销售的待转销项税额。

（2）编制取得预收款时的会计分录。

业务（四）

1. 业务资料

某房地产开发企业是增值税一般纳税人，2019 年 8 月 1 日开工一处商品房项目。同年 12 月，销售该项目 1 300 平方米，取得预收款 1 209.9 万元。

2. 工作要求

（1）计算 12 月份商品房销售应预缴税额。

（2）编制实际预缴税额时的会计分录。

业务（五）

1. 业务资料

某公司为增值税一般纳税人，2019 年 11 月出租一处与机构所在地不在同一县（市、区）的房产，取得本月的租金收入 10 900 万元存入银行，向对方开具了增值税普通发票。该房产系 2016 年 5 月 1 日后取得（不考虑其他因素）。

2. 工作要求

（1）计算 11 月份的增值税预缴税额，并编制实际预缴时的会计分录。

（2）计算 11 月份的增值税销项税额，并编制确认租金收入的会计分录。

业务（六）

1. 业务资料

某公司为增值税小规模纳税人，2019 年 4 月出租一处与机构所在地不在同一县（市、区）的仓库，收取第二季度租金 6.3 万元，自行开具增值税普通发票。

2. 工作要求

（1）计算该笔不动产租赁服务的预缴税额，并编制预缴税款时的会计分录。

（2）计算该笔不动产租赁服务的应纳税额，并编制确认增值税应纳税额和当月收入的会计分录。

业务（七）

1. 业务资料

某公司为增值税一般纳税人，适用一般计税方法，2019 年 9 月出售位于另一县（市、区）的一处自建厂房，取得收入 98 100 元（含税）。

2. 工作要求

(1) 计算该笔销售不动产业务的预缴税额，并编制实际预缴税款时的会计分录。

(2) 计算该笔销售不动产业务的应纳税额，并编制取得处置收入和确认应纳税额的会计分录。

业务（八）

1. 业务资料

某企业为增值税小规模纳税人，2019 年第二季度发生的经济业务如下。

(1) 购入生产用原材料，取得一般纳税人开具的增值税专用发票，注明价款 10 000 元、增值税税额 1 600 元，材料验收入库，款项以转账支票付讫。

(2) 销售本企业生产的产品，取得销售收入 206 000 元，货款尚未收到，该产品成本为 150 000 元。

(3) 该企业 7 月初缴纳了第二季度的增值税税额。

2. 工作要求

(1) 编制该企业采购材料的会计分录。

(2) 编制该企业销售产品的会计分录。

(3) 编制实际缴纳增值税的会计分录。

业务（九）

1. 业务资料

2019 年 7 月，某公司（一般纳税人）因管理不善造成部分钢材失窃，实际成本为 30 万元，由保险公司赔偿损失的 60%。

2. 工作要求

计算原材料非正常损失应予转出的进项税额，并编制会计分录。

业务（十）

1. 业务资料

2019 年 11 月份，某商贸公司（一般纳税人）从外地购入一批商品，取得对方开具的增值税专用发票注明金额 800 000 元、税额 104 000 元，当月商品运达入库。向运输公司支付运费并收到运费增值税专用发票，注明金额 20 000 元、税额 1 800 元。全部款项以银行存款支付，发票当月已认证并抵扣。

12 月份，发现该批商品的 10% 存在质量问题，将其退回销货方，取得了税务机关开具的红字增值税专用发票，退货款已收回。

2. 工作要求

(1) 编制 11 月份购货的会计分录。

(2) 编制 12 月份退货的会计分录。

业务（十一）

1. 业务资料

2019 年 10 月 1 日，某企业（一般纳税人）购进一批职工运动会服装，取得一张增值税专用发票，金额 50 000 元、税额 6 500 元，款项已付。当月 31 日，发票认证通过。

2. 工作要求

编制有关增值税的会计分录。

业务（十二）

1. 业务资料

2019 年 12 月，某公司（一般纳税人）拨付原材料 78 000 元委托外单位配套加工，取得受托方开具的增值税专用发票注明加工费 26 000 元、税额 3 380 元，款项以转账支票支付，材料加工完毕按实际成本验收入库。发票当月已认证并抵扣。

同月，某汽车修配厂对该公司的运输车辆进行大修，取得汽车修配厂开具的增值税专用发票，注明修理费 20 000 元、税额 2 600 元，款项以转账支票支付。发票当月未认证。

2. 工作要求

编制该公司委托加工业务、接受加工修理修配业务的会计分录。

业务（十三）

1. 业务资料

2019 年 5 月，某企业（一般纳税人）将一批含税售价为 169 500 元的 B 产品作为实物工资发放给全体职工，该批产品的成本为 100 000 元。

2. 工作要求

编制发放实物工资视同销售的会计分录。

业务（十四）

1. 业务资料

2019 年 12 月，某公司（一般纳税人）以其自产的 A 产品对外投资入股，组建股份有限公司，该批产品账面成本为 180 000 元，并已计提存货跌价准备 10 000 元，正常对外销售不含税售价为 200 000 元；用自产的 B 产品发放实物股利，该产品成本为 240 000 元，正常对外销售的不含税售价为 300 000 元。

2. 工作要求

（1）编制对外投资视同销售的会计分录。

（2）编制发放股利视同销售的会计分录。

业务（十五）

1. 业务资料

2019 年 9 月 1 日，甲企业（一般纳税人）以银行存款购进一栋大楼用作办公场所，按固定资产管理，预计使用寿命 20 年，预计净残值 10 万元。当月 22 日，该企业取得大楼的增值税专用发票并认证相符，专用发票注明金额 1 000 万元、税额 90 万元。

假设到了 2020 年 8 月 1 日，甲企业改变购进办公大楼的用途，将其专用于职工食堂（不考虑其他因素）。

2. 工作要求

(1) 编制购买不动产的会计分录。

(2) 计算不动产改变用途后不得抵扣的进项税额,并编制相关会计分录。

业务 (十六)

1. 业务资料

甲企业(一般纳税人)2019年10月以银行存款购入一栋楼用作职工宿舍,取得增值税专用发票并已认证,金额为100万元,税额为9万元,作为固定资产管理,折旧年限20年(直线法计提折旧),预计净残值13万元,因其用于职工集体福利未抵扣进项税额。

2020年8月,该企业决定将职工宿舍改造为生产经营场所。

2. 工作要求

(1) 编制取得不动产时的会计分录。

(2) 计算不动产改变用途后的可抵扣进项税额。

(3) 编制不动产改变用途的会计分录。

业务 (十七)

1. 业务资料

某公司(一般纳税人)2019年10月初"应交税费——应交增值税"明细账借方余额为20 000元,本月外购货物允许抵扣的进项税额合计210 000元,发生销项税额合计为310 000元,本月没有缴纳增值税。

该公司11月份应纳增值税税额为120 000元,当月缴纳了10月份应交未交的增值税和11月份应纳的税额30 000元。

2. 工作要求

(1) 计算10月末应交未交的增值税税额,并编制会计分录。

(2) 编制11月份缴纳增值税的会计分录。

(3) 计算11月末应交未交的增值税税额,并编制会计分录。

业务 (十八)

1. 业务资料

某劳务派遣公司为增值税一般纳税人,与当地一家银行签订派遣劳务协议,为该银行提供劳务派遣服务。2019年1月,该公司共取得劳务派遣收入56.555万元,并按规定开具了差额增值税专用发票。其中,代该家银行支付给派遣员工工资24.1万元、办理社会保险19.5万元、缴纳住房公积金11.8万元,开具了增值税普通发票。

该公司选择差额计税,不考虑其他因素。

2. 工作要求

(1) 计算该公司本月劳务派遣服务的增值税应纳税额。

(2) 编制开具增值税专用发票确认收入时的会计分录。

(3) 编制计提和支付工资、社会保险及住房公积金时的会计分录。

(4) 编制取得合规增值税扣税凭证抵扣税额时的会计分录。

（5）编制缴纳应纳税额时的会计分录。

业务（十九）

1. 业务资料

潍坊亚东经贸有限公司（简称"亚东公司"）为增值税小规模纳税人，2018年10月至12月，亚东公司发生的涉税经济业务如下。

① 出售一台使用过的汽车，取得收入3.09万元，未开具发票。
② 零售电子配件，取得收入10.3万元，向税务机关申请代开了增值税专用发票。
③ 转让一项非专利技术，取得收入1万元。
④ 提供家电维修劳务，取得维修费4.12万元，开具普通发票。
⑤ 提供设计服务，取得设计服务费收入2.06万元，向税务机关申请代开了增值税专用发票。
⑥ 提供摄影服务，取得摄影服务费收入0.309万元，未开具发票。
⑦ 出租一处与机构所在地不在同一县（市、区）的仓库，收取本年度第四季度租金11.55万元，自行开具增值税普通发票。
⑧ 出售位于另一县（市、区）的一处厂房，取得收入54.45万元，向不动产所在地税务机关预缴税款并代开增值税专用发票，厂房购置原价为45万元。

说明：亚东公司发生的支出、收入均以银行存款收付。向税务机关申请代开增值税专用发票时预缴税款，并取得完税凭证。

2. 工作要求

（1）计算3%征收率的不含税销售额。
（2）计算5%征收率的不含税销售额。
（3）计算销售固定资产的不含税销售额。
（4）计算本月应纳税额。
（5）计算本月应纳税额减征额。
（6）计算本月应纳税额合计。
（7）计算本月预缴税额。
（8）计算本月应补（退）税额。
（9）编制每笔经济业务涉及增值税的会计分录。
（10）计算"应交税费——应交增值税"科目的期末余额。

业务（二十）

1. 业务资料

潍坊昌泰实业有限公司为增值税一般纳税人，2019年12月发生的涉税经济业务如下。

① 5日，销售使用过的一台设备（金属切削机床），开具的增值税普通发票注明金额20 600元，款项已收存银行，该设备系2008年购入。
② 7日，接受关联企业投资转入的一批原材料（金属丝），取得的增值税专用发票注明价款1 100 000元、税额143 000元，款项已转账支付。
③ 10日，购入原材料一批（钢丝），取得的增值税专用发票上注明价款2 000 000元、

税额 260 000 元，款项已转账支付，材料尚未收到。

④ 15 日，上述材料运到并验收入库，取得运输公司开具的增值税专用发票注明运费金额 30 000 元、税额 2 700 元，以银行存款支付。

⑤ 17 日，销售产品一批（计数装置），开具的增值税专用发票上注明价款 7 000 000 元、税额 910 000 元，另收取运费 67 800 元，开具增值税普通发票，款项已收到并存入银行。

⑥ 19 日，用现金支付税控系统专用设备技术维护费 500 元，取得增值税普通发票。

⑦ 20 日，购进一台生产设备投入使用，取得的增值税专用发票注明的价款为 2 200 000 元、税额 286 000 元，款项已转账支付。

⑧ 21 日，采购一批农产品作为原材料，开具经主管税务机关批准使用的农产品收购发票，发票注明价款 800 000 元，材料验收入库，款项已转账支付。

⑨ 23 日，将新试制产品作为福利发放给职工，未开具发票，该产品市场上无同类产品，其生产成本为 1 100 000 元，成本利润率为 10%。

⑩ 26 日，外购一批工程物资，直接用于新建不动产工程，取得的增值税专用发票上注明金额 500 000 元、税额 65 000 元，款项已转账支付。

⑪ 27 日，出租与机构所在地不在同一县（市、区）的一处房产，取得当月租金收入 43 600 元，向对方开具了增值税专用发票，款项已收存银行。该房产系 2016 年 5 月 1 日后购得。

⑫ 28 日，销售一处与机构所在地不在同一县（市、区）的仓库，开具了增值税专用发票，取得销售收入 700 000 元，款项已收存银行。该仓库购置原价 670 600 元，系 2016 年 4 月 30 日前购得。选用简易计税方法计税。

⑬ 28 日，转让一项专利技术，向对方开具的增值税普通发票注明金额 583 000 元，款项收到并存入银行。该项无形资产原价 850 000 元，已提累计摊销额 360 000 元。

⑭ 30 日，处置一笔交易性金融资产，取得处置收入 38 000 元并存入银行，开具了增值税普通发票，其买入成本为 16 800 元。

⑮ 31 日，月末盘点时发现原材料盘亏一批，账面成本 160 000 元，包含材料买价 150 000 元、运费 10 000 元，经查系管理不善造成材料被盗。

说明：本月取得的专用发票已获得税务机关认证通过，预缴税款均已取得完税凭证。11 月末，尚未抵扣完的增值税进项税额为 2 300 元。

2. 工作要求

（1）计算一般计税方法下的销项税额。

（2）计算一般计税方法下的进项税额。

（3）计算一般计税方法下的进项税额转出。

（4）计算一般计税方法下的转让金融商品应交增值税。

（5）计算一般计税方法下的应纳税额。

（6）计算简易计税方法下的应纳税额。

（7）计算应纳税额减征额。

（8）计算本月应纳税额合计。

（9）计算本月预缴税额。

（10）计算本月应补（退）税额。

（11）编制每笔经济业务涉及增值税的会计分录。

（12）计算月末应交未交的增值税税额，并编制结转应交未交增值税的会计分录。

（13）编制月末结转预交增值税的会计分录。

（14）计算月末"未交增值税""转让金融商品应交增值税""简易计税"明细科目的余额。

答案2.1.4

第二部分 职业实践能力训练

一、小规模纳税人的增值税纳税申报

（一）企业信息

企 业 名 称：潍坊亚东经贸有限公司（以下简称"亚东公司"）

企 业 类 型：有限责任公司（增值税小规模纳税人）

注 册 资 本：1000万元

开 户 银 行：中国工商银行潍坊和平路支行

账　　　　号：3700282330045060135

纳税人识别号：913707239306014589

联 系 电 话：0536-82600××

公 司 地 址：山东省潍坊市潍城区长松路1005号

法定代表人：章向梅

会 计 主 管：李晓月

出　　　　纳：靳凯丽

办 税 员：赵有森

增值税纳税期限：1个季度

（二）实训要求

1. 根据本项目的"第一部分　职业分析能力训练"的"四、业务解析—业务（十九）"，编制记账凭证。

2. 登记"应交税费——应交增值税"三栏式明细账，2018年10月1日账户余额为0。

3. 填写《增值税纳税申报表（小规模纳税人适用）》及其附列资料等。

《增值税纳税申报表（小规模纳税人适用）》及其附列资料等，如表2-1~表2-4所示。

4. 根据凭证2-1，编制2019年1月申报期缴纳2018年第四季度增值税的记账凭证。

（三）实训耗材

1. 《增值税纳税申报表（小规模纳税人适用）》及其附列资料等报表。

2. 记账凭证20张。

3. "应交税费——应交增值税"三栏式明细账1张。

（四）实训资料

亚东公司2018年10月至12月发生的有关增值税经济业务，见本项目的"第一部分　职业分析能力训练"中"四、业务解析—业务（十九）"。

表2-1 增值税预缴税款表

税款所属期：自　　　年　　月　　日至　　　年　　月　　日

纳税人识别号：□□□□□□□□□□□□□□□

是否适用一般计税方法：　是□　否□

纳税人名称（公章）：　　　　　　　　　　　　　　　　　　　金额单位：元（列至角分）

项目编号		项目名称		
项目地址				
一、预征项目				
预征项目和栏次	销售额	扣除金额	预征率	预征税额
	1	2	3	4
建筑服务　　　1				
销售不动产　　2				
出租不动产　　3				
4				
5				
合计　　　　　6				
授权声明	如果你已委托代理人填报，请填写下列资料： 为代理一切税务事宜，现授权　　　　（地址） 为本次纳税人的代理填报人，任何与本表有关的往来文件，都可寄予此人。 授权人签字：	填表人申明	以上内容是真实的、可靠的、完整的。 纳税人签字：	

表2-2 增值税减免税申报明细表

税款所属期：自　　　年　　月　　日至　　　年　　月　　日

纳税人名称（公章）：　　　　　　　　　　　　　　　　　　　金额单位：元（列至角分）

减税性质代码及名称	栏次	一、减税项目				
		期初余额	本期发生额	本期应抵减税额	本期实际抵减税额	期末余额
		1	2	3＝1+2	4≤3	5＝3-4
合计	1					
	2					
	3					
	4					
	5					
	6					

续表

二、免税项目						
免税性质代码及名称	栏次	免征增值税项目销售额	免税销售额扣除项目本期实际扣除金额	扣除后免税销售额	免税销售额对应的进项税额	免税额
		1	2	3=1-2	4	5
合计	7					
出口免税	8		—	—	—	—
	9		—	—	—	—
	10					
	11					
	12					

表2-3 增值税纳税申报表（小规模纳税人适用）附列资料

税款所属期：自　　年　月　日至　　　年　月　日　　填表日期：　　年　月　日

纳税人名称（公章）：　　　　　　　　　　　　　　　　　　　金额单位：元（列至角分）

应税行为（3%征收率）扣除额计算			
期初余额	本期发生额	本期扣除额	期末余额
1	2	3（3≤1+2之和，且3≤5）	4=1+2-3

应税行为（3%征收率）计税销售额计算			
全部含税收入（适用3%征收率）	本期扣除额	含税销售额	不含税销售额
5	6=3	7=5-6	8=7÷1.03

应税行为（5%征收率）扣除额计算			
期初余额	本期发生额	本期扣除额	期末余额
9	10	11（11≤9+10之和，且11≤13）	12=9+10-11

应税行为（5%征收率）计税销售额计算			
全部含税收入（适用5%征收率）	本期扣除额	含税销售额	不含税销售额
13	14=11	15=13-14	16=15÷1.05

表2-4 增值税纳税申报表
（小规模纳税人适用）

纳税人识别号：□□□□□□□□□□□□□□□□□□□□

纳税人名称（公章）：　　　　　　　　　　　　　　　　　金额单位：元（列至角分）

税款所属时间：　　年　　月　　日至　　年　　月　　日　　填表日期：　　年　　月　　日

	项目	栏次	本期数		本年累计	
			货物及劳务	服务、不动产和无形资产	货物及劳务	服务、不动产和无形资产
一、计税依据	（一）应征增值税不含税销售额（3%征收率）	1				
	其中：税务机关代开的增值税专用发票不含税销售额	2				
	税控器具开具的普通发票不含税销售额	3				
	（二）应征增值税不含税销售额（5%征收率）	4		—		—
	其中：税务机关代开的增值税专用发票不含税销售额	5				
	税控器具开具的普通发票不含税销售额	6				
	（三）销售使用过的固定资产不含税销售额	7（7≥8）		—		—
	其中：税控器具开具的普通发票不含税销售额	8		—		—
	（四）免税销售额	9 = 10 + 11 + 12				
	其中：小微企业免税销售额	10				
	未达起征点销售额	11				
	其他免税销售额	12				
	（五）出口免税销售额	13（13≥14）				
	其中：税控器具开具的普通发票销售额	14				
二、税款计算	本期应纳税额	15				
	本期应纳税额减征额	16				
	本期免税额	17				
	其中：小微企业免税额	18				
	未达起征点免税额	19				
	应纳税额合计	20 = 15 − 16				
	本期预缴税额	21			—	—
	本期应补（退）税额	22 = 20 − 21			—	—

续表

纳税人或代理人声明	如纳税人填报，由纳税人填写以下各栏：	
本纳税申报表是根据国家税收法律法规及相关规定填报的，我确定它是真实的、可靠的、完整的。	办税人员：	财务负责人：
	法定代表人：	联系电话：
	如委托代理人填报，由代理人填写以下各栏：	
	代理人名称（公章）：	经办人：
	联系电话：	

主管税务机关：　　　　　接收人：　　　　　接收日期：

凭证2-1

中国工商银行电子缴税付款凭证

转账日期：2019年01月15日　　　　　　凭证字号：

纳税人全称及纳税人识别号：	潍坊亚东经贸有限公司 913707239306014589		
付款人全称：	潍坊亚东经贸有限公司		
付款人账号：	3700282330045060135	征收机关名称：	国家税务总局潍坊市潍城区税务局西关分局
付款人开户银行：	中国工商银行潍坊和平路支行	收款国库名称：	国家金库潍坊潍城区支库
小写（金额）合计：	￥1890.00	缴款书交易流水号：	
大写（金额）合计：	人民币壹仟捌佰玖拾元整	税票号码：	
税（费）种名称	所属时期		实缴金额
增值税	20181001—20181231		￥1890.00

二、一般纳税人的增值税纳税申报

（一）企业信息

企　业　名　称：潍坊昌泰实业有限公司（以下简称"昌泰公司"）
企　业　类　型：有限责任公司（一般纳税人）
注　册　资　本：5 000万元
开　户　银　行：中国工商银行潍坊青年路支行
账　　　　　号：3700282330601350045
纳税人识别号：913707239458306019
联　系　电　话：0536-82680××
公　司　地　址：山东省潍坊市潍城区长松路1220号
法定代表人：李志梅
会　计　主　管：王小悦
出　　　　纳：靳凯丽
办　税　员：赵之帅
增值税纳税期限：1个月

（二）实训要求

1. 编制记账凭证。

(1) 根据"（四）实训资料"，编制每笔经济业务涉及增值税的记账凭证。

(2) 填制如表 2-5 所示的《"应交未交增值税"计算表》，并编制月末结转"应交未交增值税"的记账凭证。

(3) 编制月末结转"预交增值税"的记账凭证。

2. 登记"应交税费——应交增值税"多栏式明细账，2019 年 12 月 1 日账户余额为 0。

3. 填写《增值税纳税申报表（一般纳税人适用)》及其附列资料。《增值税纳税申报表（一般纳税人适用)》及其附列资料，如表 2-6～表 2-12 所示。

4. 根据凭证 2-16，编制 2020 年 1 月申报期缴纳 2019 年 12 月份增值税的记账凭证。

（三）实训耗材

1. 记账凭证 40 张。

2. 《增值税纳税申报表（一般纳税人适用)》及其附列资料等报表。

3. "应交税费——应交增值税"多栏式明细账 1 张。

（四）实训资料

1. 有关增值税经济业务。

昌泰公司 2019 年 12 月份发生的有关增值税经济业务，见本项目的"第一部分　职业分析能力训练"中"四、业务解析——业务（二十）"。

表 2-5　"应交未交增值税"计算表

2019 年 12 月　　　　　　　　　　　　　　　　　　金额单位：元

项目	栏次	金额
销项税额	1	
进项税额转出	2	
上期留抵税额	3	
进项税额	4	
减免税款	5	
本月应交未交的增值税税额	6 = 1 + 2 - 3 - 4 - 5	

会计主管：王小悦　　　　　　　　　　　　制单：赵之帅

表2-6 增值税纳税申报表
（一般纳税人适用）

根据国家税收法律法规及增值税相关规定制定本表。纳税人不论有无销售额，均应按税务机关核定的纳税期限填写本表，并向当地税务机关申报。

税款所属时间：　年　月　日至　年　月　日　　填表日期：　年　月　日　　金额单位：元（列至角分）

纳税人识别号						
纳税人名称	（公章）					
开户银行及账号		法定代表人姓名		登记注册类型	注册地址	
					生产经营地址	所属行业
					电话号码	

		栏次	一般项目		即征即退项目	
	项目		本月数	本年累计	本月数	本年累计
销售额	（一）按适用税率计税销售额	1				
	其中：应税货物销售额	2				
	应税劳务销售额	3				
	纳税检查调整的销售额	4				
	（二）按简易办法计税销售额	5				
	其中：纳税检查调整的销售额	7				
	（三）免、抵、退办法出口销售额	8			—	—
	（四）免税销售额	9			—	—
	其中：免税货物销售额	10			—	—
	免税劳务销售额				—	—
税款计算	销项税额	11				
	进项税额	12				
	上期留抵税额	13			—	—
	进项税额转出	14				

续表

	项目	行次	计算公式				
税款计算	免、抵、退应退税额	15			—	—	—
	按适用税率计算的纳税检查应补缴税额	16			—	—	—
	应抵扣税额合计	17	=12+13−14−15			—	—
	实际抵扣税额	18 （如17＜11，则为17，否则为11）		—		—	—
	应纳税额	19	=11−18				—
	期末留抵税额	20	=17−18		—		—
	简易计税办法计算的应纳税额	21					—
	按简易计税办法计算的纳税检查应补缴税额	22					—
	应纳税额减征额	23					—
	应纳税额合计	24	=19+21−23				—
税款缴纳	期初未缴税额（多缴为负数）	25			—		—
	实收出口开具专用缴款书退税额	26			—		—
	本期已缴税额	27	=28+29+30+31		—		—
	①分次预缴税额	28					—
	②出口开具专用缴款书退税额	29			—		—
	③本期缴纳上期应纳税额	30					—
	④本期缴纳欠缴税额	31					—
	期末未缴税额（多缴为负数）	32	=24+25+26−27	—			—
	其中：欠缴税额（≥0）	33	=25+26−27		—		—
	本期应补（退）税额	34	=24−28−29		—		—
	即征即退实际退税额	35					—

续表

税款缴纳	期初未缴查补税额	36	—	—	—
	本期入库查补税额	37	—	—	—
	期末未缴查补税额	38＝16＋22＋36－37			

授权声明	如果你已委托代理人申报，请填写下列资料： 为委托 _____（地址）_____ 为本纳税人的代理申报人，任何与本申报表有关的往来文件，都可寄予此人。 授权人签字：

申报人声明	本纳税申报表是根据国家税收法律法规及相关规定填报的，我确定它是真实的、可靠的、完整的。 声明人签字：

主管税务机关：　　　接收人：　　　接收日期：

表2-7 增值税纳税申报表附列资料（一）

（本期销售情况明细）

税款所属时间：　　年　月　日至　　年　月　日

纳税人名称：（公章）　　　　　　　　　　　　　　　金额单位：元（列至角分）

项目及栏次		开具增值税专用发票		开具其他发票		未开具发票		纳税检查调整		合计			服务、不动产和无形资产扣除项目本期实际扣除金额	扣除后	
		销售额	销项（应纳）税额	销售额	销项（应纳）税额	销售额	销项（应纳）税额	销售额	销项（应纳）税额	销售额	销项（应纳）税额	价税合计		含税（免税）销售额	销项（应纳）税额
		1	2	3	4	5	6	7	8	9=1+3+5+7	10=2+4+6+8	11=9+10	12	13=11−12	14=13÷(1+税率或征收率)×税率或征收率
一、一般计税方法计税	1　13%税率的货物及加工修理修配劳务														
	2　13%税率的服务、不动产和无形资产												—	—	—
	3　9%税率的货物及加工修理修配劳务												—	—	—

38

续表

项目及栏次		开具增值税专用发票		开具其他发票		未开具发票		纳税检查调整		合计			服务、不动产和无形资产扣除项目本期实际扣除金额	扣除后	
		销售额	销项(应纳)税额	销售额	销项(应纳)税额	销售额	销项(应纳)税额	销售额	销项(应纳)税额	销售额	销项(应纳)税额	价税合计		含税(免税)销售额	销项(应纳)税额
		1	2	3	4	5	6	7	8	9=1+3+5+7	10=2+4+6+8	11=9+10	12	13=11-12	14=13÷(1+税率或征收率)×税率或征收率
一、一般计税方法计税	全部征税项目														
	4 9%税率的服务、不动产和无形资产														
	5 6%税率														
其中：即征即退项目	6 即征即退货物及加工修理修配劳务			—	—	—	—	—	—				—	—	—
	7 即征即退服务、不动产和无形资产			—	—	—	—	—	—				—	—	—
	8 6%征收率			—	—	—	—	—	—				—	—	—
二、简易计税方法计税	全部征税项目														
	9a 5%征收率的货物及加工修理修配劳务			—	—	—	—	—	—				—	—	—

续表

项目及栏次		开具增值税专用发票		开具其他发票		未开具发票		纳税检查调整		合计			服务、不动产和无形资产扣除项目本期实际扣除金额	扣除后	
		销售额	销项（应纳）税额	销售额	销项（应纳）税额	销售额	销项（应纳）税额	销售额	销项（应纳）税额	销售额	销项（应纳）税额	价税合计		含税（免税）销售额	销项（应纳）税额
		1	2	3	4	5	6	7	8	9=1+3+5+7	10=2+4+6+8	11=9+10	12	13=11-12	14=13÷(1+税率或征收率)×税率或征收率
二、简易计税方法计税	全部征税项目	5%征收率的服务、不动产和无形资产 9b													
		4%征收率 10						—	—			—	—	—	—
		3%征收率的货物及加工修理修配劳务 11						—	—			—	—	—	—
		3%征收率的服务、不动产和无形资产 12						—	—			—	—	—	—
		预征率 % 13a						—	—			—	—	—	—
		预征率 % 13b						—	—			—	—	—	—
		预征率 % 13c						—	—			—	—	—	—

续表

项目及栏次		开具增值税专用发票		开具其他发票		未开具发票		纳税检查调整		合计			服务、不动产和无形资产扣除项目本期实际扣除金额	扣除后	
		销售额	销项(应纳)税额	销售额	销项(应纳)税额	销售额	销项(应纳)税额	销售额	销项(应纳)税额	销售额	销项(应纳)税额	价税合计		含税(免税)销售额	销项(应纳)税额
		1	2	3	4	5	6	7	8	9=1+3+5+7	10=2+4+6+8	11=9+10	12	13=11-12	14=13÷(1+税率 或 征收率)×税率 或 征收率
其中:即征即退项目	即征即退货物及加工修理修配劳务 14	—	—	—	—	—	—	—	—						
	即征即退服务、不动产和无形资产 15	—	—	—	—	—	—	—	—					—	—
三、免抵退税	货物及加工修理修配劳务 16	—	—	—	—	—	—	—	—				—	—	—
	服务、不动产和无形资产 17	—	—	—	—	—	—	—	—					—	—
四、免税	货物及加工修理修配劳务 18	—	—	—	—	—	—	—	—				—	—	—
	服务、不动产和无形资产 19	—	—	—	—	—	—	—	—					—	—

表2-8 增值税纳税申报表附列资料（二）
（本期进项税额明细）

税款所属时间： 　　年　　月　　日至　　年　　月　　日

纳税人名称：（公章）　　　　　　　　　　　　　　　　　　　金额单位：元（列至角分）

一、申报抵扣的进项税额				
项目	栏次	份数	金额	税额
（一）认证相符的增值税专用发票	1＝2＋3			
其中：本期认证相符且本期申报抵扣	2			
前期认证相符且本期申报抵扣	3			
（二）其他扣税凭证	4＝5＋6＋7＋8a＋8b			
其中：海关进口增值税专用缴款书	5			
农产品收购发票或者销售发票	6			
代扣代缴税收缴款凭证	7		—	
加计扣除农产品进项税额	8a	—	—	
其他	8b			
（三）本期用于购建不动产的扣税凭证	9			
（四）本期用于抵扣的旅客运输服务扣税凭证	10			
（五）外贸企业进项税额抵扣证明	11	—	—	
当期申报抵扣进项税额合计	12＝1＋4＋11			

二、进项税额转出额		
项目	栏次	税额
本期进项税额转出额	13＝14至23之和	
其中：免税项目用	14	
集体福利、个人消费	15	
非正常损失	16	
简易计税方法征税项目用	17	
免抵退税办法不得抵扣的进项税额	18	
纳税检查调减进项税额	19	
红字专用发票信息表注明的进项税额	20	
上期留抵税额抵减欠税	21	
上期留抵税额退税	22	
其他应作进项税额转出的情形	23	

三、待抵扣进项税额				
项目	栏次	份数	金额	税额
（一）认证相符的增值税专用发票	24	—	—	—
期初已认证相符但未申报抵扣	25			
本期认证相符且本期未申报抵扣	26			
期末已认证相符但未申报抵扣	27			
其中：按照税法规定不允许抵扣	28			
（二）其他扣税凭证	29＝30至33之和			
其中：海关进口增值税专用缴款书	30			
农产品收购发票或者销售发票	31			
代扣代缴税收缴款凭证	32		—	
其他	33			
	34			

四、其他				
项目	栏次	份数	金额	税额
本期认证相符的增值税专用发票	35			
代扣代缴税额	36	—	—	

表 2-9　增值税纳税申报表附列资料（三）
（服务、不动产和无形资产扣除项目明细）

税款所属时间：　　年　月　日至　　　年　月　日

纳税人名称：（公章）　　　　　　　　　　　　　　　　　金额单位：元（列至角分）

项目及栏次		本期服务、不动产和无形资产价税合计额（免税销售额）	服务、不动产和无形资产扣除项目				
			期初余额	本期发生额	本期应扣除金额	本期实际扣除金额	期末余额
		1	2	3	4 = 2 + 3	5（5≤1且5≤4）	6 = 4 - 5
13%税率的项目	1						
9%税率的项目	2						
6%税率的项目（不含金融商品转让）	3						
6%税率的金融商品转让项目	4						
5%征收率的项目	5						
3%征收率的项目	6						
免抵退税的项目	7						
免税的项目	8						

表 2-10　增值税纳税申报表附列资料（四）
（税额抵减情况表）

税款所属时间：　　年　月　日至　　　年　月　日

纳税人名称：（公章）　　　　　　　　　　　　　　　　　金额单位：元（列至角分）

一、税额抵减情况						
序号	抵减项目	期初余额	本期发生额	本期应抵减税额	本期实际抵减税额	期末余额
		1	2	3 = 1 + 2	4≤3	5 = 3 - 4
1	增值税税控系统专用设备费及技术维护费					
2	分支机构预征缴纳税款					
3	建筑服务预征缴纳税款					
4	销售不动产预征缴纳税款					
5	出租不动产预征缴纳税款					

续表

		二、加计抵减情况					
序号	加计抵减项目	期初余额	本期发生额	本期调减额	本期可抵减额	本期实际抵减额	期末余额
		1	2	3	4=1+2-3	5	6=4-5
6	一般项目加计抵减额计算						
7	即征即退项目加计抵减额计算						
8	合计						

表 2-11 增值税减免税申报明细表

税款所属时间： 年 月 日至 年 月 日

纳税人名称：（公章） 金额单位：元（列至角分）

		一、减税项目				
减税性质代码及名称	栏次	期初余额	本期发生额	本期应抵减税额	本期实际抵减税额	期末余额
		1	2	3=1+2	4≤3	5=3-4
合计	1					
	2					
	3					
	4					
	5					
	6					

		二、免税项目				
免税性质代码及名称	栏次	免征增值税项目销售额	免税销售额扣除项目本期实际扣除金额	扣除后免税销售额	免税销售额对应的进项税额	免税额
		1	2	3=1-2	4	5
合计	7					
出口免税	8		—	—	—	—
其中：跨境服务	9		—	—	—	—
	10					
	11					
	12					

表 2-12　增值税预缴税款表

税款所属时间：　　年　月　日至　　年　月　日

纳税人识别号：□□□□□□□□□□□□□□□

是否适用一般计税方法：　是□　　　否□

纳税人名称（公章）：　　　　　　　　　　　　　　金额单位：元（列至角分）

项目编号		项目名称		
项目地址				
一、预征项目					

预征项目和栏次		销售额	扣除金额	预征率	预征税额
		1	2	3	4
建筑服务	1				
销售不动产	2				
出租不动产	3				
	4				
	5				
合计	6				
授权声明	如果你已委托代理人填报，请填写下列资料： 为代理一切税务事宜，现授权　　　　　（地址）为本次纳税人的代理填报人，任何与本表有关的往来文件，都可寄予此人。 授权人签字：		填表人申明	以上内容是真实的、可靠的、完整的。 纳税人签字：	

2. 实训原始凭证（凭证 2-1-1～凭证 2-16）。

(1) 销售使用过的机器设备。

凭证 2-1-1

NO 18796121

开票日期：2019 年 12 月 05 日

购买方	名称	潍坊长青实业有限公司				密码区	67 + 273489 < < 64298 + > > 789 − 6248 < > * 49862 * 098 * 1111 87 + > > 7893508 * 1111 < < + * 352648
	纳税人识别号	913707041693542399					
	地址、电话	潍坊市新华路 3022 号 0536-29051××					
	开户行及账号	建设银行潍坊和平路支行 3700422730400161003					

货物或应税劳务、服务名称	规格型号	单位	数量	单价	金额	税率	税额
*机床*金属切削机床		台	1	20 000.00	20 000.00	3%	600.00
合计					¥20 000.00		¥600.00

价税合计（大写）	⊗ 贰万零陆佰元整	（小写）¥20 600.00

销售方	名称	潍坊昌泰实业有限公司	备注
	纳税人识别号	913707239458306019	
	地址、电话	潍坊市长松路 1220 号 0536-82680××	
	开户行及账号	工商银行潍坊青年路支行 3700282330601350045	

收款人：　　　复核：　　　开票人：杨丽丽　　　销售方：（章）

凭证 2-1-2

中国工商银行　进账单（收账通知）

NO 30010001

2019 年 12 月 05 日

付款人	全称	潍坊长青实业有限公司	收款人	全称	潍坊昌泰实业有限公司
	账号	3700422730400161003		账号	3700282330601350045
	开户银行	建设银行潍坊和平路支行		开户银行	工商银行潍坊青年路支行

人民币（大写）	贰万零陆佰元整	千	百	十	万	千	百	十	元	角	分
				¥	2	0	6	0	0	0	0

票据种类	转账支票	票据张数	1	工行潍坊青年路支行 2019.12.05 收讫
票据号码				
				款单位开户行盖章

复核　　　记账

(2) 接受原材料投资。

凭证2-2-1

山东增值税专用发票
抵扣联

NO 18112179
开票日期：2019年12月07日

购买方	名称：潍坊昌泰实业有限公司 纳税人识别号：913707239458306019 地址、电话：潍坊市长松路1220号 0536-82680×× 开户行及账号：工商银行潍坊青年路支行 3700282330601350045	密码区	67 + 273489 << 64298 + >> 789 - 6248 < > *49862 *098 *1111 87 + >>7893508 *1111 << + *352648

货物或应税劳务、服务名称	规格型号	单位	数量	单价	金额	税率	税额
*金属制品*金属丝		千克	10 000	110.00	1 100 000.00	13%	143 000.00
合计					¥1 100 000.00		¥143 000.00

价税合计（大写）	⊗壹佰贰拾肆万叁仟元整	（小写）¥1 243 000.00

销售方	名称：山东长城股份有限公司 纳税人识别号：913702306239458019 地址、电话：山东青岛市光华路3012号 0532-28044×× 开户行及账号：建设银行青岛光华路支行 3700430402210037016	备注	山东长城股份有限公司 913702306239458019 发票专用章

收款人： 复核： 开票人：单作成 销售方：（章）

凭证2-2-2

山东增值税专用发票
发票联

NO 18112179
开票日期：2019年12月07日

购买方	名称：潍坊昌泰实业有限公司 纳税人识别号：913707239458306019 地址、电话：潍坊市长松路1220号 0536-82680×× 开户行及账号：工商银行潍坊青年路支行 3700282330601350045	密码区	67 +273489 <<64298 +>>789 -6248 < >*49862 *098 *1111 87 +>>7893508 *1111 <<+*352648

货物或应税劳务、服务名称	规格型号	单位	数量	单价	金额	税率	税额
*金属制品*金属丝		千克	10 000	110.00	1 100 000.00	13%	143 000.00
合计					¥1 100 000.00		¥143 000.00

价税合计（大写）	⊗壹佰贰拾肆万叁仟元整	（小写）¥1 243 000.00

销售方	名称：山东长城股份有限公司 纳税人识别号：913702306239458019 地址、电话：山东青岛市光华路3012号 0532-28044×× 开户行及账号：建设银行青岛光华路支行 3700430402210037016	备注	

收款人： 复核： 开票人：单作成 销售方：（章）

凭证2-2-3

收料单

发票号码：1811279

供应单位：山东长城股份有限公司　　　　　　　　　　收料单编号：963665

材料类别：原料及主要材料　　　2019 年 12 月 07 日　　收料仓库：材料库

编号	名称	规格	单位	数量		实际成本					备注	②会计记账联
				应收	实收	买价		杂费	其他	合计		
						单价	金额					
	金属丝		千克	10 000	10 000	110.00	1 100 000.00			1 100 000.00		
	合计						1 100 000.00			1 100 000.00		

主管：　　　　　保管员：蒋一　　　　　材料库主管：刘暖　　　　　会计：

（3）购料付款。

凭证2-3-1

山东增值税专用发票

NO 11217918

开票日期：2019 年 12 月 10 日

购买方	名　　称	潍坊昌泰实业有限公司	密码区	67＋273489＜＜64298＋＞＞789＋＞＞7893－6248＜＞＊49862＊098＊1111 87508＊1111＜＜＋＊352648			第二联：抵扣联　购买方抵扣凭证
	纳税人识别号	913707239458306019					
	地址、电话	潍坊市长松路1220号 0536-82680××					
	开户行及账号	工商银行潍坊青年路支行 3700282330601350045					
货物或应税劳务、服务名称	规格型号	单位	数量	单价	金额	税率	税额
＊金属制品＊钢丝		千克	20 000	100.00	2 000 000.00	13％	260 000.00
合计					¥2 000 000.00		¥260 000.00
价税合计（大写）	⊗貳佰貳拾陆万元整				（小写）¥2 260 000.00		
销售方	名　　称	山东鑫盛股份有限公司	备注				
	纳税人识别号	913702453062398119					
	地址、电话	山东青岛市南京路3110号 0532-28066××					
	开户行及账号	建设银行青岛南京路支行 3700430160402210037					

收款人：　　　　　复核：　　　　　开票人：张向北　　　　　销售方：（章）

凭证 2-3-2

山东增值税专用发票
发票联

NO 11217918
开票日期：2019 年 12 月 10 日

购买方	名　　　称：潍坊昌泰实业有限公司 纳税人识别号：913707239458306019 地　址、电　话：潍坊市长松路1220号 0536-82680×× 开户行及账号：工商银行潍坊青年路支行 3700282330601350045	密码区	67 + 273489 < < <64298 + > >789 + > >7893 - 6248 < > *49862 * 098 *1111 87508 *1111 < < + *352648

货物或应税劳务、服务名称	规格型号	单位	数量	单价	金额	税率	税额
*金属制品*钢丝		千克	20 000	100.00	2 000 000.00	13%	260 000.00
合计					￥2 000 000.00		￥260 000.00

价税合计（大写）	⊗ 贰佰贰拾陆万元整	（小写）￥2 260 000.00

销售方	名　　　称：山东鑫盛股份有限公司 纳税人识别号：913702453062398119 地　址、电　话：山东青岛市南京路3110号 0532-28066×× 开户行及账号：建设银行青岛南京路支行 3700430160402210037	备注	

收款人：　　　　　复核：　　　　　开票人：张向北　　　　　销售方：（章）

第三联：发票联 购买方记账凭证

凭证 2-3-3

```
中国工商银行
现金支票存根（鲁）
10503771
01019331

附加信息＿＿＿＿＿＿＿＿＿＿＿

出票日期：2019 年 12 月 10 日
收款人：山东鑫盛股份有限公司
金　额：￥2 260 000.00
用　途：支付材料款
单位主管：　　　会计：
```

（4）材料入库，支付运费。

49

凭证2-4-1

山东增值税专用发票

抵扣联

NO 21711918

开票日期：2019 年 12 月 15 日

购买方	名　　称：潍坊昌泰实业有限公司 纳税人识别号：913707239458306019 地　址、电话：潍坊市长松路1220号 0536-82680×× 开户行及账号：工商银行潍坊青年路支行 3700282330601350045	密码区	<<64298+>>789+>>7893- 6248<>*49862*098*111167 +273489 87508*1111<<+*352648

货物或应税劳务、服务名称	规格型号	单位	数量	单价	金额	税率	税额
*运输服务 *陆路货物运输服务					30 000.00	9%	2 700.00
合计					¥30 000.00		¥2 700.00

价税合计（大写）	⊗叁万贰仟柒佰元整	（小写）¥32 700.00

销售方	名　　称：潍坊顺丰运输有限公司 纳税人识别号：913707981145306239 地　址、电话：潍坊市健康街1110号 0536-26011×× 开户行及账号：建设银行潍坊青年路支行 3700431003701604022	备注	起止地：青岛—潍坊 车辆种类：半挂货车 车号：鲁UG3478

收款人：　　　　复核：　　　　开票人：王丽娜　　　　销售方：（章）

凭证2-4-2

山东增值税专用发票

发票联

NO 21711918

开票日期：2019 年 12 月 15 日

购买方	名　　称：潍坊昌泰实业有限公司 纳税人识别号：913707239458306019 地　址、电话：潍坊市长松路1220号 0536-82680×× 开户行及账号：工商银行潍坊青年路支行 3700282330601350045	密码区	<<64298+>>789+>>7893- 6248<>*49862*098*111167 +273489 87508*1111<<+*352648

货物或应税劳务、服务名称	规格型号	单位	数量	单价	金额	税率	税额
*运输服务*陆路货物运输服务					30 000.00	9%	2 700.00
合计					¥30 000.00		¥2 700.00

价税合计（大写）	⊗叁万贰仟柒佰元整	（小写）¥32 700.00

销售方	名　　称：潍坊顺丰运输有限公司 纳税人识别号：913707981145306239 地　址、电话：潍坊市健康街1110号 0536-26011×× 开户行及账号：建设银行潍坊青年路支行 3700431003701604022	备注	起止地：青岛—潍坊 车辆种类：半挂货车 车号：鲁UG3478

收款人：　　　　复核：　　　　开票人：王丽娜　　　　销售方：（章）

凭证 2-4-3

中国工商银行
转账支票存根（鲁）
22503770
04419337

附加信息＿＿＿＿＿＿＿＿＿＿

出票日期：2019 年 12 月 15 日
收款人：潍坊顺丰运输有限公司
金　额：￥32 700.00
用　途：支付运费
单位主管：　　　会计：

凭证 2-4-4

收料单

发票号码：11217918
供应单位：山东鑫盛股份有限公司　　　　　　　　　　　　收料单编号：667765
材料类别：原料及主要材料　　　2019 年 12 月 15 日　　　收料仓库：材料库

编号	名称	规格	单位	数量		实际成本					备注
				应收	实收	买价		运杂费	其他	合计	
						单价	金额				
	钢丝		千克	20 000	20 000	100.00	2 000 000.00	30 000.00		2 030 000.00	
	合计						2 000 000.00	30 000.00		2 030 000.00	

② 会计记账联

主管：　　　保管员：蒋一　　　材料库主管：刘暖　　　会计：

（5）销售产品。

凭证 2-5-1

山东增值税专用发票

NO 18791121

开票日期：2019 年 12 月 17 日

购买方	名　　称	山东美来股份有限公司					密码区	67 ＋ 273489 ＜ ＜64298 ＋ ＞ ＞789 －6248 ＜ ＞ ＊49862 ＊098 ＊1111 87 ＋ ＞＞7893508 ＊1111 ＜ ＜ ＋ ＊352648	
	纳税人识别号：	913707041423969359							
	地址、电话	山东青州市光华路2012号 0536-28051××							
	开户行及账号	建设银行青州光华路支行 3700422100373040016							
货物或应税劳务、服务名称	规格型号	单位	数量	单价	金额	税率	税额		
＊汽车仪表＊计数装置		件	10 000	700.00	7 000 000.00	13%	910 000.00		
合　计					¥7 000 000.00		¥910 000.00		
价税合计（大写）	⊗柒佰玖拾壹万元整				（小写） ¥7 910 000.00				
销售方	名　　称	潍坊昌泰实业有限公司					备注		
	纳税人识别号：	913707239458306019							
	地址、电话	潍坊市长松路1220号 0536-82680××							
	开户行及账号	工商银行潍坊青年路支行 3700282330601350045							

收款人：　　　复核：　　　开票人：杨丽丽　　　销售方：（章）

凭证 2-5-2

山东增值税普通发票

NO 13396921

开票日期：2019 年 12 月 17 日

购买方	名　　称	山东美来股份有限公司					密码区	67 ＋ 273489 ＜ ＜64298 ＋ ＞ ＞789 －6248 ＜ ＞ ＊49862 ＊098 ＊1111 87 ＋ ＞＞7893508 ＊1111 ＜ ＜ ＋ ＊352648	
	纳税人识别号：	913707041423969359							
	地址、电话	山东青州市光华路2012号 0536-28051××							
	开户行及账号	建设银行青州光华路支行 3700422100373040016							
货物或应税劳务、服务名称	规格型号	单位	数量	单价	金额	税率	税额		
＊运输服务＊陆路货物运输服务					60 000.00	13%	7 800.00		
合　计					¥60 000.00		¥7 800.00		
价税合计（大写）	⊗陆万柒仟捌佰元整				（小写） ¥67 800.00				
销售方	名　　称	潍坊昌泰实业有限公司					备注		
	纳税人识别号：	913707239458306019							
	地址、电话	潍坊市长松路1220号 0536-82680××							
	开户行及账号	工商银行潍坊青年路支行 3700282330601350045							

收款人：　　　复核：　　　开票人：杨丽丽　　　销售方：（章）

凭证 2-5-3

中国工商银行　进账单（收账通知）　№ 30010331

2019 年 12 月 17 日

付款人	全称	山东美来股份有限公司	收款人	全称	潍坊昌泰实业有限公司
	账号	3700422100373040016		账号	3700282330601350045
	开户银行	中国建设银行青州光华路支行		开户银行	中国工商银行潍坊青年路支行

人民币（大写）	柒佰玖拾柒万柒仟捌佰元整	千	百	十	万	千	百	十	元	角	分
	¥		7	9	7	7	8	0	0	0	0

票据种类	转账支票	票据张数	1	工行潍坊青年路支行 2019.12.17 收讫
票据号码				款单位开户行盖章

复核　　记账

此联是收款人开户银行给收款人的收账通知

（6）支付技术维护费。

凭证 2-6-1

山东增值税普通发票
发票联

NO 18793377

开票日期：2019 年 12 月 19 日

购买方	名　称：潍坊昌泰实业有限公司 纳税人识别号：913707239458306019 地址、电话：潍坊市长松路1220号 0536-82680×× 开户行及账号：工商银行潍坊青年路支行 3700282330601350045	密码区	8＋＞＞789＋＞＞7893－6248＜＞ 8＊1111＜＊49862＊098＊111167＋ 2734898750＜＋＊352648＜ ＜6429

货物或应税劳务、服务名称	规格型号	单位	数量	单价	金额	税率	税额
信息技术服务 软件服务					471.70	6%	28.30
合计					¥471.70		¥28.30

价税合计（大写）	⊗伍佰元整	（小写）¥500.00		
销售方	名　称：潍坊信息技术有限公司 纳税人识别号：913707309816231459 地址、电话：潍坊市惠贤路1237号 0536-26054×× 开户行及账号：工商银行潍坊高新区支行 3703402270104310060	备注	 潍坊信息技术有限公司 913707309816231459 财务专用章	

收款人：　　　复核：　　　开票人：李进东　　　销售方：（章）

第二联：发票联　购买方记账凭证

凭证 2-6-2

收款收据

开票日期：2019 年 12 月 19 日　　　　　　　　　　　　　　　　编号：002091

缴款单位	潍坊昌泰实业有限公司			
款项内容	技术维护费	收款方式	现金	
人民币大写	⊗伍佰元整	小写	￥500.00	
收款单位盖章	（潍坊信息技术有限公司 财务专用章 913707309816231459）	收款人签章	陈紫琼	备注

（7）购进生产设备。

凭证 2-7-1

山东增值税专用发票

NO 21711933

开票日期：2019 年 12 月 20 日

购买方	名　　称：潍坊昌泰实业有限公司 纳税人识别号：913707239458306019 地　址、电话：潍坊市长松路1220号 0536-82680×× 开户行及账号：工商银行潍坊青年路支行 3700282330601350045			密码区	＜＜64298＋＞＞789＋＞＞7893－ 6248＜＞8＊1111＜＊49862＊098＊ 111167＋2734898750＜＋＊352648		第二联：抵扣联 购买方抵扣凭证
货物或应税劳务、服务名称	规格型号	单位	数量	单价	金额	税率	税额
＊机械设备＊机械、设备类产品		台	1	2 200 000.00	2 200 000.00	13％	286 000.00
合计					￥2 200 000.00		￥286 000.00
价税合计（大写）	⊗贰佰肆拾捌万陆仟元整				（小写）￥2 486 000.00		
销售方	名　　称：山东重工机械有限公司 纳税人识别号：913701145309816239 地　址、电话：济南市经八路1117号 0531-26013×× 开户行及账号：建设银行济南经八路支行 3700431003402270160			备注	（山东重工机械有限公司 发票专用章 913701145309816239）		

收款人：　　　　　复核：　　　　　开票人：李优铭　　　　　销售方：（章）

凭证 2-7-2

山东增值税专用发票
发票联

NO 21711933

开票日期：2019 年 12 月 20 日

购买方	名　　　称：潍坊昌泰实业有限公司 纳税人识别号：913707239458306019 地　址、电　话：潍坊市长松路1220号 0536-82680×× 开户行及账号：工商银行潍坊青年路支行 　　　　　　　3700282330601350045	密码区	<<64298+>>789+>>7893- 6248<>8*1111<*49862*098* 111167+2734898750<+*352648

货物或应税劳务、服务名称	规格型号	单位	数量	单价	金额	税率	税额
*机械设备*机械、设备类产品		台	1	2 200 000.00	2 200 000.00	13%	286 000.00
合计					￥2 200 000.00		￥286 000.00

价税合计（大写）	⊗ 贰佰肆拾捌万陆仟元整	（小写）￥2 486 000.00

销售方	名　　　称：山东重工机械有限公司 纳税人识别号：913701145309816239 地　址、电　话：济南市经八路1117号 0531-26013×× 开户行及账号：建设银行济南经八路支行 　　　　　　　3700431003402270160	备注	山东重工机械有限公司 913701145309816239 发票专用章

第三联：发票联 购买方记账凭证

收款人：　　　复核：　　　开票人：李优铭　　　销售方：（章）

凭证 2-7-3

中国工商银行
转账支票存根（鲁）
22503001
04419229

附加信息＿＿＿＿＿

出票日期：2019 年 12 月 20 日

收款人：山东重工机械有限公司

金　额：￥2 486 000.00

用　途：支付设备款

单位主管：　　　会计：

（8）购买农产品。

凭证 2-8-1

山东增值税普通发票

NO23793007

开票日期：开票日期：2019 年 12 月 21 日

购买方	名 称： 潍坊昌泰实业有限公司 纳税人识别号：913707239458306019 地 址、电 话：潍坊市长松路1220号 0536-82680×× 开户行及账号：工商银行潍坊青年路支行 3700282330601350045	密码区	8 + > >789 + > >7893 –248 < >8 * 1111 < * 49862 * 098 * 111167 + 50 < + *273489873526 < <642948

货物或应税劳务、服务名称	规格型号	单位	数量	单价	金额	税率	税额
*谷物*玉米		千克	80 000	10.00	800 000.00	免税	***
合计					¥800 000.00		***

价税合计（大写）	⊗捌拾万元整	（小写）¥800 000.00

销售方	名 称： 潍坊寿光胜发专业合作社 纳税人识别号：913707981304596231 地 址、电 话：潍坊寿光水田镇贤惠路137号 0536-26045×× 开户行及账号：工商银行寿光水田镇支行 3703401043100600227	备注	（潍坊寿光胜发专业合作社 913707981304596231 发票专用章）

收款人： 复核： 开票人：张世东 销售方：（章）

凭证 2-8-2

收料单

发票号码：30210010

供应单位：潍坊寿光胜发专业合作社　　　　　　　　　　收料单编号：963611

材料类别：原料及主要材料　　2019 年 12 月 21 日　　收料仓库：材料库

编号	名称	规格	单位	数量		实际成本				备注
				应收	实收	买价		运杂费	其他	合计	
						单价	金额				
	玉米		千克	80 000	80 000	10.00	800 000.00			800 000.00	
			合计				800 000.00			800 000.00	

②会计记账联

主管：　　保管员：蒋一　　材料库主管：刘暖　　会计：

凭证2-8-3

```
中国工商银行
现金支票存根（鲁）
10503449
01014931
附加信息_____

出票日期：2019年12月21日
收款人：张世硕
金　额：¥800 000.00
用　途：支付料款
单位主管：　　会计：
```

（9）用新试制产品发放职工福利。

凭证2-9

产品出库单

购货单位：　　　　　　　2019年12月23日　　　　　　　　编号：276871

编号	名称	规格	单位	应发数量	实发数量	单位成本	总成本									备注
							百	十	万	千	百	十	元	角	分	
	B产品		台	5 500	5 500	200.00	1	1	0	0	0	0	0	0	0	发放职工福利
	合计						1	1	0	0	0	0	0	0	0	

会计：　　　　　　成品库主管：刘羽　　　　保管员：王谨　　　　记账：

（10）购买工程物资用于新建不动产。

凭证2-10-1

山东增值税专用发票

抵扣联

NO 21711770

开票日期：2019年12月26日

购买方	名称：潍坊昌泰实业有限公司 纳税人识别号：913707239458306019 地址、电话：潍坊市长松路1220号 0536-82680×× 开户行及账号：工商银行潍坊青年路支行 3700282330601350045	密码区	＞＞789＋＞＞7893－6248＜＞8＊ 1111＜＊49862＊098＊111167＋ 2734898750＜＋＊352648＜＜ 64298＋

货物或应税劳务、服务名称	规格型号	单位	数量	单价	金额	税率	税额
*搬运设备*升降机		包	5 000	100.00	500 000.00	13%	65 000.00
合计					￥500 000.00		￥65 000.00

价税合计（大写）	⊗伍拾陆万伍仟元整	（小写）￥565 000.00

销售方	名称：山东重工机械有限公司 纳税人识别号：913701145309816239 地址、电话：济南市经八路1117号 0531-26013×× 开户行及账号：建设银行济南经八路支行 3700431003402270160	备注	山东重工机械有限公司 913701145309816239 发票专用章

收款人：　　　复核：　　　开票人：李优铭　　　销售方：（章）

凭证2-10-2

山东增值税专用发票

发票联

NO 21711770

开票日期：2019年12月26日

购买方	名称：潍坊昌泰实业有限公司 纳税人识别号：913707239458306019 地址、电话：潍坊市长松路1220号 0536-82680×× 开户行及账号：工商银行潍坊青年路支行 3700282330601350045	密码区	＞＞789＋＞＞7893－6248＜＞8＊ 1111＜＊49862＊098＊111167＋ 2734898750＜＋＊352648＜＜ 64298＋

货物或应税劳务、服务名称	规格型号	单位	数量	单价	金额	税率	税额
*搬运设备*升降机		包	5 000	100.00	500 000.00	13%	65 000.00
合计					￥500 000.00		￥65 000.00

价税合计（大写）	⊗伍拾陆万伍仟元整	（小写）￥565 000.00

销售方	名称：山东重工机械有限公司 纳税人识别号：913701145309816239 地址、电话：济南市经八路1117号 0531-26013×× 开户行及账号：建设银行济南经八路支行 3700431003402270160	备注	山东重工机械有限公司 913701145309816239 发票专用章

收款人：　　　复核：　　　开票人：李优铭　　　销售方：（章）

凭证 2-10-3

```
中国工商银行
转账支票存根（鲁）
22503001
04419229
附加信息_____

出票日期：2019 年 12 月 26 日
收款人：山东重工机械有限公司
金    额：¥565 000.00
用    途：支付工程物资款
单位主管：        会计：
```

（11）出租房产。

凭证 2-11-1

山东增值税专用发票

NO 18757077

开票日期：2018 年 12 月 27 日

购买方	名称：潍坊滨海科技有限公司 纳税人识别号：913707239456018309 地址、电话：潍坊市滨海区滨海大街120号 0536-82630×× 开户行及账号：工商银行潍坊滨海区支行 3700285350233060104					密码区	8 + > >789 + > >7893 − 6248 < > 8 * 1111 < * 49862 + 2734898750 < + * 352648 < <6429 * 098 * 111167		
货物或应税劳务、服务名称	规格型号	单位	数量	单价	金额		税率	税额	
*经营租赁*不动产经营租赁					40 000.00		9%	3 600.00	
合计					¥40 000.00			¥3 600.00	
价税合计（大写）	⊗肆万叁仟陆佰元整						（小写）¥43 600.00		
销售方	名称：潍坊昌泰实业有限公司 纳税人识别号：913707239458306019 地址、电话：潍坊市长松路1220号 0536-82680×× 开户行及账号：工商银行潍坊青年路支行 3700282330601350045					备注	出租的房产位于潍坊市滨海区滨海大街198号		

收款人：　　　复核：　　　开票人：杨丽丽　　　销售方：（章）

凭证 2-11-2

中国工商银行　进账单（收账通知）

No 30224131

2019 年 12 月 27 日

付款人	全称	潍坊滨海科技有限公司	收款人	全称	潍坊昌泰实业有限公司
	账号	3700285350233060104		账号	3700282330601350045
	开户银行	中国工商银行潍坊滨海区支行		开户银行	中国工商银行潍坊青年路支行

人民币（大写）	肆万叁仟陆佰元整	千	百	十	万	千	百	十	元	角	分
				¥	4	3	6	0	0	0	0

票据种类	转账支票	票据张数	1
票据号码			

收款单位开户行盖章

工行潍坊青年路支行
2019.12.27
收讫

复核　　　记账

此联是收款人开户银行给收款人的收账通知

凭证 2-11-3

中国工商银行电子缴税付款凭证

转账日期：2019 年 12 月 27 日　　　　　　　　　凭证字号：

纳税人全称及纳税人识别号：	潍坊昌泰实业有限公司 913707239458306019		
付款人全称：	潍坊昌泰实业有限公司		
付款人账号：	3700282330601350045	征收机关名称：	国家税务总局潍坊市滨海区税务局
付款人开户银行：	中国工商银行潍坊青年路支行	收款国库名称：	国家金库潍坊滨海区分库
小写（金额）合计：	¥1200.00	缴款书交易流水号：	潍坊青年路支行 2019.12.27
大写（金额）合计：	人民币壹仟贰佰元整	税票号码：	办讫章
税（费）种名称	所属时期		实缴金额
增值税	20191201—20191231		¥1200.00

(12) 销售仓库。

凭证 2-12-1

山东增值税专用发票

NO 07718757

开票日期：2019 年 12 月 28 日

购买方	名　　称：潍坊绿源环保有限公司 纳税人识别号：913707183023945609 地　址、电　话：潍坊市滨海区滨海大街120号 0536-82001×× 开户行及账号：建设银行潍坊高新区支行 3703502330601040285	密码区	893 - 6248 < > 8 * 1111 < * 49862 + 2734898750 < + * 352648 < < 6429 * 098 * 1111678 + > >789 + > >7

货物或应税劳务、服务名称	规格型号	单位	数量	单价	金额	税率	税额
*不动产*其他建筑物		平方米			666 666.67	5%	33 333.33
合计					¥666 666.67		¥33 333.33

价税合计（大写）	⊗柒拾万元整	（小写）¥700 000.00

销售方	名　　称：潍坊昌泰实业有限公司 纳税人识别号：913707239458306019 地　址、电　话：潍坊市长松路1220号 0536-82680×× 开户行及账号：工商银行潍坊青年路支行 3700282330601350045	备注	不动产位于潍坊市高新区潍县路3255号 产权证号码第052871号

收款人：　　　复核：　　　开票人：杨丽丽　　　销售方：（章）

凭证 2-12-2

中国工商银行　进账单（收账通知）

NO 24131302

2019 年 12 月 28 日

付款人	全称	潍坊绿源环保有限公司	收款人	全称	潍坊昌泰实业有限公司
	账号	3703502330601040285		账号	3700282330601350045
	开户银行	中国建设银行潍坊高新区支行		开户银行	中国工商银行潍坊青年路支行

人民币（大写）	柒拾万元整	千	百	十	万	千	百	十	元	角	分
				¥	7	0	0	0	0	0	0

票据种类	转账支票	票据张数	1	工行潍坊青年路支行 2019.12.28 收讫
票据号码				款单位开户行盖章
复核		记账		

凭证 2-12-3

中国工商银行电子缴税付款凭证

转账日期：2019 年 12 月 28 日　　　　　　　　　　　凭证字号：

纳税人全称及纳税人识别号：	潍坊昌泰实业有限公司 913707239458306019		
付款人全称：	潍坊昌泰实业有限公司		
付款人账号：	3700282330601350045	征收机关名称：	国家税务总局潍坊市高新区税务局
付款人开户银行：	中国工商银行潍坊青年路支行	收款国库名称：	国家金库潍坊高新区分库
小写（金额）合计：	￥1400.00	缴款书交易流水号：	
大写（金额）合计：	人民币壹仟肆佰元整	税票号码：	
税（费）种名称	所属时期		实缴金额
增值税	20191201—20191231		￥1400.00

（盖章：中国工商银行 潍坊青年路支行 2019.12.28）

（13）转让专利技术。

凭证 2-13-1

山东增值税普通发票

NO 07757187

开票日期：2019 年 12 月 28 日

购买方	名　　　称：潍坊绿源环保有限公司 纳税人识别号：913707183023945609 地　址、电　话：潍坊市滨海区滨海大街 120 号 0536-82001×× 开户行及账号：建设银行潍坊高新区支行 3703502330601040285	密码区	< > 8 * 1111 < * 49862 + 2734898750 < + * 352648 < < 6429 * 098 * 1111678 + > > 789 + > > 7893 - 6248
货物或应税劳务、服务名称	规格型号　单位　数量　单价	金额	税率　税额
*无形资产*专利技术		583 000.00	免税　＊＊＊
合计		￥583 000.00	＊＊＊
价税合计（大写）	⊗伍拾捌万叁仟元整	（小写）￥583 000.00	
销售方	名　　　称：潍坊昌泰实业有限公司 纳税人识别号：913707239458306019 地　址、电　话：潍坊市长松路 1220 号 0536-82680×× 开户行及账号：工商银行潍坊青年路支行 3700282330601350045	备注	

收款人：　　　　复核：　　　　开票人：杨丽丽　　　　销售方：（章）

凭证2-13-2

中国工商银行　进账单（收账通知）

No 24131232

2019 年 12 月 28 日

付款人	全称	潍坊绿源环保有限公司	收款人	全称	潍坊昌泰实业有限公司
	账号	3703502330601040285		账号	3700282330601350045
	开户银行	中国建设银行潍坊高新区支行		开户银行	中国工商银行潍坊青年路支行

人民币（大写）	伍拾捌万叁仟元整	千	百	十	万	千	百	十	元	角	分
		￥		5	8	3	0	0	0	0	0

票据种类	转账支票	票据张数	1	工行潍坊青年路支行 2019.12.28 收讫 收款单位开户行盖章
票据号码				

复核		记账	

此联是收款人开户银行给收款人的收账通知

（14）金融商品转让。

凭证2-14-1

山东增值税普通发票

NO 71870775

开票日期：2019 年 12 月 30 日

购买方	名　　称：山东美来股份有限公司 纳税人识别号：913707041423969359 地址、电话：山东青州市光华路 2012 号 0536-28051×× 开户行及账号：建设银行青州光华路支行 3700422100373040016	密码区	<＊49862 +2734898750 <＋＊ 352648 <<6429＊098＊1111678 + > >789 + > >7893－6248 < >8＊1111

货物或应税劳务、服务名称	规格型号	单位	数量	单价	金额	税率	税额
＊金融服务＊金融服务					20 000.00	6％	1 200.00
合计					￥20 000.00		￥1 200.00

价税合计（大写）	⊗贰万壹仟贰佰元整	（小写）￥21 200.00	

销售方	名　　称：潍坊昌泰实业有限公司 纳税人识别号：913707239458306019 地址、电话：潍坊市长松路 1220 号 0536-82680×× 开户行及账号：工商银行潍坊青年路支行 3700282330601350045	备注	差额征税

收款人：　　　　复核：　　　　开票人：杨丽丽　　　　销售方：（章）

凭证 2-14-2

中国工商银行 进账单（收账通知）   No 24131232

2018 年 12 月 30 日

付款人	全 称	山东美来股份有限公司	收款人	全 称	潍坊昌泰实业有限公司
	账 号	3700422100373040016		账 号	3700282330601350045
	开户银行	中国建设银行青州光华路支行		开户银行	中国工商银行潍坊青年路支行

人民币（大写）	贰万壹仟贰佰元整	千	百	十	万	千	百	十	元	角	分
					¥	2	1	2	0	0	0

票据种类	转账支票	票据张数	1
票据号码			

收款单位开户行盖章

工行潍坊青年路支行
2019.12.30
收讫

复核　　　　记账

此联是收款人开户银行给收款人的收账通知

（15）原材料盘亏。

凭证 2-15

原材料盘点表

盘点时间：2019 年 12 月 31 日

品名	计量单位	单价（元）	账存数量	实存数量	短缺		溢余		原因	备注
					数量	金额	数量	金额		
钨丝	千克	200	16 800	16 000	800	160 000			待查	其中 10 000 元为运输费

主管：　　　　盘点人：蒋一　　　　复核人：　　　　仓库：

凭证 2-16

中国工商银行电子缴税付款凭证

转账日期：2020 年 01 月 15 日　　　　　　　　　　　　凭证字号：

纳税人全称及纳税人识别号：	潍坊昌泰实业有限公司 913707239458306019		
付款人全称：	潍坊昌泰实业有限公司		
付款人账号：	370028233060135 0045	征收机关名称：	国家税务总局潍坊市潍城区税务局青年路分局
付款人开户银行：	中国工商银行潍坊青年路支行	收款国库名称：	国家金库潍坊潍城区分库
小写（金额）合计：	¥268 000.00	缴款书交易流水号：	
大写（金额）合计：	人民币贰拾陆万捌仟元整	税票号码：	
税（费）种名称	所属时期	实缴金额	
增值税	20191201—20191231	¥268 000.00	

答案 2.2

项目三 消费税核算与申报

第一部分 职业分析能力训练

一、单选项辨析（本题是对项目三知识点的分析能力、判断能力与应用能力的单一训练，需从每小题中选择出一个正确选项）

1. 消费税纳税人规定中的"中华人民共和国境内"，是指生产、委托加工和进口应税消费品的（　　）在境内。
   A. 销售地　　　　　　B. 起运地或所在地　　C. 生产地　　　　　　D. 使用地

2. 下列企业中，不属于消费税纳税人的是（　　）。
   A. 生产销售应税消费品（金银首饰类除外）的企业
   B. 委托加工应税消费品（金银首饰类除外）的企业
   C. 受托加工应税消费品（金银首饰类除外）的企业
   D. 进口应税消费品（金银首饰类除外）的企业

3. 依据税法相关规定，下列说法中不正确的是（　　）。
   A. 应税消费品征收增值税的，其税基含有消费税
   B. 应税消费品征收消费税的，其税基不含消费税
   C. 凡是征收消费税的消费品，都应征收增值税
   D. 凡是征收增值税的货物，都应征收消费税

4. 根据消费税的有关规定，下列车辆属于应税小汽车征税范围的是（　　）。
   A. 电动汽车　　　　　　　　　　　　B. 卡丁车
   C. 中轻型商用客车　　　　　　　　　D. 沙滩车

5. 依据消费税的有关规定，下列行为中应缴纳消费税的是（　　）。
   A. 进口卷烟　　　　　　　　　　　　B. 零售白酒
   C. 零售高档化妆品　　　　　　　　　D. 进口服装

6. 关于消费税的税率，下列选项错误的是（　　）。
   A. 消费税对黄酒实行定额税率
   B. 消费税对卷烟、白酒实行复合税率
   C. 消费税对啤酒实行定额税率

D. 消费税对酒精实行定额税率

7. 某白酒生产企业 2019 年 6 月份销售一种白酒 5 000 公斤，取得不含税价款 300 万元，收取包装物押金 4.52 万元，押金于 3 个月后归还。白酒执行复合税率，定额税率为 0.5 元/斤，比例税率为 20%。该种白酒当月应纳消费税额为（　　）万元。
   A. 60.5　　　　　　B. 61.43　　　　　　C. 61.3　　　　　　D. 5 060

8. 某啤酒生产企业 2019 年 6 月份销售一种啤酒 10 吨，不含税售价为 2 660 元/吨，同时收取包装物押金 6 000 元，押金于 3 个月后归还。啤酒执行定额税率，甲类啤酒 250 元/吨，乙类啤酒 220 元/吨。该企业当月应纳消费税额为（　　）元。
   A. 2 400　　　　　B. 2 500　　　　　C. 2 300　　　　　D. 2 200

9. 2019 年 5 月，某卷烟生产企业（增值税一般纳税人）销售甲类卷烟 600 条，取得含税销售额 62 150 元；销售卷烟 1 200 条，取得的增值税专用发票上注明销售额 71 000 元。卷烟执行复合税率。该企业当月应纳消费税额为（　　）元。
   A. 30 240　　　　B. 56 160　　　　C. 57 240　　　　D. 57 440

10. 2019 年 8 月份，一家小轿车生产企业销售某种型号的小汽车 280 辆，每辆含税售价 18.08 万元，适用消费税税率为 9%。该型号小汽车当月应纳消费税额为（　　）万元。
    A. 243　　　　　B. 283.5　　　　C. 364.5　　　　D. 403.2

11. 某白酒生产企业 2019 年 2 月份生产一种新的粮食白酒 0.6 吨，全部作为广告样品使用。该种白酒无同类产品出厂价格，每吨生产成本为 30 000 元，成本利润率为 10%，定额税率为 0.5 元/斤，比例税率为 20%。该种白酒当月应纳消费税额为（　　）元。
    A. 8 600　　　　B. 8 800　　　　C. 9 600　　　　D. 9 000

12. 下列外购商品中缴纳的消费税，可以从本企业应纳消费税额中扣除的是（　　）。
    A. 从工业企业购进已税汽车轮胎生产的小汽车
    B. 从工业企业购进已税酒精为原料的勾兑白酒
    C. 从工业企业购进已税溶剂油为原料生产的溶剂油
    D. 从工业企业购进已税高尔夫球杆握把为原料生产的高尔夫球杆

13. 某高尔夫球具厂（增值税一般纳税人）接受某俱乐部委托加工一批高尔夫球具，俱乐部提供材料的成本为 8 000 元，球具厂收取含税加工费和代垫辅料费共 2 712 元，球具厂没有同类球具的销售价格，消费税税率为 10%，则组成计税价格为（　　）元。
    A. 11 555.56　　B. 7 597.34　　C. 8 888.89　　D. 12 008.89

14. 2019 年 1 月份，济南一家进出口公司从德国进口 60 辆小轿车，每辆到岸价格为 16 万元，关税税率为 50%，消费税税率为 5%。该公司针对这批小轿车当月应纳消费税额为（　　）万元。
    A. 67.50　　　　B. 47.36　　　　C. 57.69　　　　D. 75.78

15. 纳税人领用自产的应税消费品（该产品已入成品库）连续生产应税消费品时的会计分录为（　　）。

A. 借：生产成本　　　　　　　　　　　B. 借：在建工程
　　贷：库存商品　　　　　　　　　　　　贷：库存商品
　　　　应交税费——应交消费税
C. 借：生产成本　　　　　　　　　　　D. 借：生产成本
　　贷：原材料　　　　　　　　　　　　　贷：库存商品

16. 企业将生产的应税消费品直接对外销售时，所计算的应纳消费税额应借记（　　）科目。
　　A. 税金及附加　　B. 生产成本　　C. 管理费用　　D. 销售费用

17. 消费税纳税人对于出租出借包装物逾期未退还而没收的包装物押金，借记"其他应付款——存入保证金"科目，贷记（　　）科目。
　　A. 营业外收入　　　　　　　　　　B. 其他业务收入
　　C. 投资收益　　　　　　　　　　　D. 主营业务收入

18. 以下关于消费税纳税义务发生时间的表述，正确的是（　　）。
　　A. 分期收款结算方式下的实际收款日期
　　B. 赊销结算方式下收到货款的当天
　　C. 预收货款结算方式下收到货款的当天
　　D. 预收货款结算方式下发出应税消费品的当天

19. 进口的应税消费品，由进口人或其代理人向（　　）海关申报纳税。
　　A. 企业所在地　　B. 企业核算地　　C. 货物入境地　　D. 报关地

20. 以下关于消费税纳税地点的表述，错误的是（　　）。
　　A. 委托个人加工的应税消费品，由委托方向其机构所在地或者居住地主管税务机关申报纳税
　　B. 纳税人的总机构与分支机构不在同一县（市、区）的，应当由总机构汇总向总机构所在地主管税务机关申报纳税
　　C. 纳税人到外县（市、区）销售或者委托外县（市、区）代销自产应税消费品的，于应税消费品销售后，向机构所在地或者居住地主管税务机关申报纳税
　　D. 纳税人销售应税消费品及自产自用应税消费品，除国家另有规定外，应当向纳税人机构所在地或者居住地的主管税务机关申报纳税

答案3.1.1

二、多选项辨析（本题是对项目三知识点的分析能力、判断能力与应用能力的复合训练，具有一定的综合性，需从每小题中选择出多个正确选项）

1. 以下属于消费税纳税人的有（　　）。
　　A. 进口应税消费品的单位和个人
　　B. 委托加工应税消费品的单位和个人
　　C. 生产应税消费品的单位和个人
　　D. 金银首饰的零售单位和个人

2. 根据现行规定，下列不属于消费税税目的有（　　）。
　　A. 电池　　　　B. 涂料　　　　C. 酒精　　　　D. 汽车轮胎

3. 下列消费品中，属于消费税征税范围的有（　　）。

A. 贵重首饰　　　　　B. 鞭炮　　　　　　C. 木制一次性筷子　D. 摩托车

4. 下列应税消费品，采用定额税率从量征收消费税的项目有（　　　）。

　　A. 黄酒　　　　　　B. 葡萄酒　　　　　C. 柴油　　　　　　D. 烟丝

5. 企业生产销售白酒取得的下列款项中，应并入销售额计征消费税的有（　　　）。

　　A. 优质费　　　　　B. 包装物租金　　　C. 包装费　　　　　D. 包装物押金

6. 下列选项中，应当征收消费税的有（　　　）。

　　A. 用于捐助国家指定的慈善机构的应税消费品

　　B. 用于奖励代理商销售业绩的应税消费品

　　C. 用于本企业生产性基建工程的应税消费品

　　D. 用于本企业连续生产应税消费品的应税消费品

7. 下列选项中，需要征收消费税的有（　　　）。

　　A. 自产的用于抵偿债务的汽车轮胎

　　B. 自产的用于广告宣传的样品白酒

　　C. 自产的用于本企业招待的卷烟

　　D. 委托加工收回后以不高于受托方的计税价格直接销售的粮食白酒

8. 下列选项中，既要缴纳增值税又要缴纳消费税的有（　　　）。

　　A. 卷烟生产企业将自产的烟丝用于生产卷烟

　　B. 汽车厂将自产的应税小汽车赞助给所在地召开的全运会

　　C. 酒厂将自产的白酒赠送给异地合作单位

　　D. 地板生产企业将自产的实木地板用于年终职工奖励

9. 对于企业自产的高档化妆品，下列税务处理方式中错误的有（　　　）。

　　A. 用于连续生产应税消费品的，不缴纳消费税

　　B. 用于连续生产非应税消费品的，不缴纳消费税

　　C. 用于直接出售的，缴纳消费税

　　D. 用于职工福利的，不缴纳消费税

10. 下列选项中，符合应税消费品销售数量规定的有（　　　）。

　　A. 生产销售应税消费品的为应税消费品销售数量

　　B. 自产自用应税消费品的为应税消费品的生产数量

　　C. 委托加工应税消费品的为纳税人收回的应税消费品的数量

　　D. 进口应税消费品的为海关核定的应税消费品数量

11. 纳税人委托加工应税消费品，应设置（　　　）科目。

　　A. 税金及附加　　　　　　　　　　　B. 管理费用

　　C. 应交税费——应交消费税　　　　　D. 委托加工物资

12. 某加工厂将自产实木地板用于本企业工程建设，应编制的会计分录有（　　　）。

　　A. 借：在建工程

　　　　　贷：应交税费——应交增值税（销项税额）

　　B. 借：在建工程

　　　　　贷：应交税费——应交消费税

　　C. 借：税金及附加

贷：应交税费——应交消费税
D. 借：在建工程
    贷：库存商品

13. 下列环节中，既征收消费税又征收增值税的有（   ）。
    A. 电池的生产环节　　　　　　　　　B. 卷烟的生产和批发环节
    C. 金银首饰的零售环节　　　　　　　D. 高档手表的生产环节

14. 关于消费税纳税义务发生时间，下列说法中正确的有（   ）。
    A. 纳税人委托加工应税消费品的，为纳税人提货的当天
    B. 采取分期收款结算方式的，为书面合同约定收款日期的当天
    C. 采取预收货款结算方式的，为收讫销售款或者取得销售款凭据的当天
    D. 纳税人自产自用应税消费品的，为移送使用的当天

15. 关于纳税人进口的应税消费品，下列说法中正确的有（   ）。
    A. 其纳税义务发生时间为报关进口的当天
    B. 应当自海关填发《海关进口消费税专用缴款书》的次日起15日内缴纳税款
    C. 进口的应税消费品，由进口人或者其代理人向报关地海关申报纳税
    D. 进口应税消费品的消费税由海关代征

16. 下列属于消费税纳税申报表的有（   ）。
    A. 《小汽车消费税纳税申报表》
    B. 《卷烟批发环节消费税纳税申报表》
    C. 《成品油消费税纳税申报表》
    D. 《涂料消费税纳税申报表》

17. 下列选项中，关于超豪华小汽车消费税的说法正确的有（   ）。
    A. 超豪华小汽车是指每辆零售价格100万元（不含增值税）及以上的乘用车和中轻型商用客车
    B. 超豪华小汽车零售环节消费税应纳税额＝零售环节销售额（不含增值税）×10%
    C. 国内汽车生产企业直接销售给消费者的超豪华小汽车，消费税税率按照生产环节税率和零售环节税率加总计算
    D. 将超豪华小汽车销售给消费者的单位和个人为超豪华小汽车零售环节纳税人

18. 下列选项中，关于高档化妆品消费税的说法正确的有（   ）。
    A. 高档化妆品包括高档美容、修饰类化妆品，以及高档护肤类化妆品和成套化妆品
    B. 高档化妆品的消费税税率为30%
    C. 以外购、进口的高档化妆品为原料继续生产高档化妆品，准予从高档化妆品消费税应纳税额中扣除外购、进口的高档化妆品已纳消费税税款
    D. 以委托加工收回的高档化妆品为原料继续生产高档化妆品，准予从高档化妆品消费税应纳税额中扣除委托加工收回的高档化妆品已纳消费税税款

答案 3.1.2

三、正误辨析（本题是对项目三知识点的分析能力、判断能力的单一训练，需要给出每个命题正确或错误的判断）

1. 消费税的纳税义务人包括在我国境内生产、委托加工和进口应税消费品的单位和个人，不含外国企业的外国人。（　　）
2. 消费税的征税范围与增值税的部分征税范围是交叉的，凡征收消费税的应税消费品均征收增值税。（　　）
3. 消费税属于价外税，企业缴纳的消费税最终由消费者承担。（　　）
4. 纳税人将不同税率的应税消费品组成成套消费品销售的，如果分别核算其销售额或销售数量，则应按不同税率分别计算不同消费品的应纳税额。（　　）
5. 销售啤酒时收取的包装物押金应当计入啤酒的出厂价格中。（　　）
6. 纳税人用外购或委托加工收回的已税珠宝玉石生产的改在零售环节征收消费税的金银首饰，在计税时允许扣除外购或委托加工的已纳税款。（　　）
7. 纳税人将自产的应税消费品用于生产非应税消费品的，应按纳税人同类消费品的最高销售价格计算征收消费税。（　　）
8. 纳税人将自产的应税消费品用于换取生产资料和消费资料、投资入股和抵偿债务时，应当以纳税人同类应税消费品的平均销售价格作为计税依据计算消费税。（　　）
9. 复合计税法下，进口应税消费品的应纳税额 =（关税完税价格 + 关税 + 海关核定的应税消费品进口数量 × 定额税率）÷（1 - 比例税率）× 比例税率 + 海关核定的应税消费品进口数量 × 定额税率。（　　）
10. 对于纳税人出租出借包装物逾期未退还而没收的包装物押金，其应缴纳的消费税额，应借记"税金及附加"科目，贷记"应交税费——应交消费税"科目。（　　）
11. 委托方将收回的应税消费品以不高于受托方的计税价格出售的，对于受托方代收代缴的消费税，应借记"委托加工物资"科目；委托方以高于受托方的计税价格出售的，对于受托方代收代缴的消费税，应借记"应交税费——应交消费税"科目。（　　）
12. 《电池消费税纳税申报表》和《其他应税消费品消费税纳税申报表》属于消费税纳税申报表。（　　）
13. 国内汽车生产企业直接销售给消费者的超豪华小汽车，其消费税应纳税额 = 销售额 × 生产环节税率。（　　）

答案3.1.3

四、业务解析

业务（一）

1. 业务资料

甲酒厂2019年4月生产某种白酒200箱，每箱净重25千克，取得不含税销售收入40 000元，收取包装物押金1 130元，押金单独记账，货款及押金均收到。该种白酒每箱制造成本为140元。

2. 工作要求

计算甲酒厂应纳消费税税额。

业务（二）

1. 业务资料

甲化妆品厂为增值税一般纳税人，2019年5月将一批自产高档化妆品用于职工福利，化妆品生产成本为19 428.57元，成本利润率为5%，无同类产品销售价格。

2. 工作要求

（1）计算该批高档化妆品的组成计税价格。
（2）计算该批高档化妆品应缴纳的消费税额。

业务（三）

1. 业务资料

甲实木地板厂为增值税一般纳税人，2019年6月有关生产经营情况如下：

① 从油漆厂购进钢琴漆240吨，每吨不含税单价为1.25万元，取得油漆厂开具的增值税专用发票，注明货款300万元、增值税39万元。

② 向农业生产者收购木材40吨，收购凭证上注明支付收购货款56万元，另支付运输费用5万元（不含增值税），取得运输公司开具的增值税专用发票。木材验收入库后，又将其运往乙地板厂加工成未上漆的实木地板，取得乙地板厂开具的增值税专用发票，注明支付加工费10万元、增值税0.9万元，甲厂收回实木地板时乙地板厂代收代缴了消费税。

③ 领用委托加工收回的实木地板的50%，用于连续生产高级实木地板，当月生产实木地板2 000箱，销售实木地板1 500箱，取得不含税销售额450万元。

④ 当月将自产实木地板200箱用于本企业会议室装修。

实木地板消费税税率5%，成本利润率5%。

2. 工作要求

（1）计算甲厂当月应缴纳的增值税。
（2）计算乙厂代收代缴的消费税。
（3）计算甲厂当月应缴纳的消费税。

业务（四）

1. 业务资料

甲、乙公司为高档化妆品生产企业，丙公司为外贸企业，三家公司均为增值税一般纳税人。2019年5月，发生以下经济业务：

① 甲公司委托乙公司加工某种高档化妆品，收回后以其为原料继续生产高档化妆品销售。甲公司发出委托加工材料的价值为38万元。乙公司收取加工费3万元（不含增值税），代垫辅助材料1万元。

② 乙公司将一批自产高档化妆品半成品销售给甲公司，开具增值税专用发票注明价款24万元。

③ 甲公司将委托加工收回的高档化妆品用于生产，月初库存的委托加工高档化妆品13万元，月末库存的委托加工高档化妆品13万元。甲公司本月外购高档化妆品半成品的50%用于生产。

④ 甲公司本月销售高档化妆品565万元（含增值税）给丙公司，丙公司将购入的该

批高档化妆品全部出口。

2. 工作要求

（1）计算乙公司当月应缴纳的消费税额。

（2）计算甲公司当月应缴纳的消费税额。

（3）计算丙公司当月出口高档化妆品应退消费税额。

业务（五）

1. 业务资料

北华汽车制造厂为增值税一般纳税人。2019年4月，发生以下经济业务：

① 本月生产小汽车150辆。其中，5辆小汽车转作企业固定资产自用，10辆小汽车用于抵偿债务，其余全部用于对外销售。小汽车不含增值税销售单价为12万元，税务机关核定该型号小汽车最高销售单价为13万元，小汽车每辆生产成本为7万元。

② 本月特制小汽车10辆，用于奖励对企业做出特殊贡献的技术人员。特制小汽车无同类售价，单位生产成本为8万元，成本利润率为10%。

小汽车适用的消费税税率为5%。

2. 工作要求

（1）计算自用小汽车当月应纳消费税额，并编制相应会计分录。

（2）计算抵债小汽车当月应纳消费税额，并编制相应会计分录。

（3）计算对外销售小汽车当月应纳消费税额，并编制相应会计分录。

（4）计算奖励用小汽车应纳消费税额，并编制相应会计分录。

（5）计算该企业2019年4月份应纳消费税额。

答案3.1.4

第二部分　职业实践能力训练

一、企业基础信息

企　业　名　称：青岛市百丽化妆品有限公司

企　业　类　型：有限责任公司（增值税一般纳税人）

经　营　范　围：各种护肤、修饰、美容等高档化妆品的生产和销售

法　定　代　表　人：曲靖

财　务　负　责　人：张希华

办　税　员：刘平

地　　　　址：青岛市市北区长宁路24号

电　　　　话：0532-838253××

开　户　行：工商银行青岛市市北区支行

账　　　　号：3214568974123596123

税务登记号：912354689412532786

二、能力目标

1. 能够正确理解从价定率法、从量定额法、复合计税法的计算公式，准确计算消费

税应纳税额。

2. 能够根据企业经济业务资料，选择正确的计算方法，准确计算各种不同业务情形下的消费税应纳税额。

3. 能够运用正确的会计科目，准确完成各种不同业务情形下有关消费税的会计核算。

4. 能够准确、完整地填制各种消费税纳税申报表及其相关附表，熟练办理消费税款的缴纳工作。

三、实训要求

1. 根据"五、实训资料"中的经济业务和原始凭证，填制记账凭证。
2. 登记"应交税费——应交消费税"三栏式明细账，账户月初余额为0。
3. 填制相关消费税纳税申报表，详见表3-1。

四、实训耗材

记账凭证25张，《其他应税消费品消费税纳税申报表》1张（表3-1），"应交税费——应交消费税"三栏式明细账1张。

表3-1 其他应税消费品消费税纳税申报表

税款所属期： 年 月 日至 年 月 日

纳税人名称（公章）：

纳税人识别号：

填表日期： 年 月 日　　　　　　　　　　　金额单位：元（列至角分）

应税消费品名称 \ 项目	适用税率	销售数量	销售额	应纳税额
合计	—	—	—	
本期准予抵减税额：				
本期减（免）税额：			声明 此纳税申报表是根据国家税收法律的规定填报的，我确定它是真实的、可靠的、完整的。 经办人（签章）：	
期初未缴税额：			财务负责人（签章）： 联系电话：	

续表

本期缴纳前期应纳税额：	（如果你已委托代理人申报，请填写） **授权声明** 为代理一切税务事宜，现授权＿＿＿＿＿＿＿＿
本期预缴税额：	＿＿＿＿＿＿＿＿（地址）＿＿＿＿＿＿＿＿
本期应补（退）税额：	为本纳税人的代理申报人，任何与本申报表有关的往来文件，都可寄予此人。
期末未缴税额：	授权人签章：

五、实训资料

（一）2019年8月发生的经济业务

1. 8月1日，向青岛市海大百货股份公司销售200套甲型高档化妆品，不含税价款100 000元，并开出增值税专用发票，货款已通过银行转账收讫。

2. 8月5日，将自产的100套乙型高档化妆品作为奖励发放给业绩突出的员工。该类化妆品每套成本300元，不含税单价350元。

3. 8月6日，对7月份应纳消费税进行纳税申报并通过网上银行转账缴税52 000元，取得了工商银行电子缴税付款凭证一份。

4. 8月9日，领用外购丙型高档香料600千克（成本价60 000元）运往青岛市宏达有限公司，委托该公司代为加工丁型高档香水精，香水精收回后将用于生产戊型高档香水对外出售。

5. 8月12日，支付给青岛市宏达有限公司加工费31 000元（不含增值税），同时支付加工环节由对方代扣代缴的消费税16 058.82元。

6. 8月18日，收到已加工完毕的丁型高档香水精65千克，并办理了入库手续。

7. 8月22日，领用加工收回的丁型高档香水精的40%，对外销售给青岛市远大百货股份公司，货款已通过银行转账收讫；剩余60%的丁型高档香水精一次性领用，生产戊型高档香水。

8. 8月24日，销售给青岛市新天地购物中心股份公司A类高档化妆品1 200瓶，不含税价款60 000元。货款已通过银行转账收讫。

9. 8月25日，以B类化妆品400套作为投资与青岛康健公司组建青岛市丽康化妆品股份有限公司，货物已交付，占青岛市丽康化妆品股份有限公司5%的股份。B类高档化妆品单位成本420元，最低销售单价580元，最高销售单价620元，平均销售单价600元。双方约定按照平均销售单价开具增值税专用发票。

10. 8月28日，销售给青岛市夏依化妆品贸易公司C类高档化妆品1 200瓶，D类高档化妆品1 500瓶，开出增值税专用发票，货款已通过银行转账收讫。

11. 根据上述经济业务1～10，假设不考虑其他税种，月末将"税金及附加"账户余额结转"本年利润"账户。

（二）实训原始凭证

实训原始凭证见凭证3-1-1～凭证3-10-2。

凭证 3-1-1

山东增值税专用发票

NO 5432131

开票日期：2019 年 08 月 01 日

购买方	名　　称：青岛市海大百货股份公司 纳税人识别号：911254698743256129 地　址、电话：山东省青岛市 0532-845612 ×× 开户银行及账户：工商银行青岛市市北区支行 　　　　　　　　15623456874125 63	密码区	略

货物或应税劳务、服务名称	规格型号	单位	数量	单价	金额	税率	税额
美容护肤品 甲型高档化妆品		套	200	500.00	100 000.00	13%	13 000.00
合计					￥100 000.00		￥13 000.00

价税合计（大写）	人民币壹拾壹万叁仟元整　　　　　（小写）￥113 000.00

销售方	名　　称：青岛市百丽化妆品有限公司 纳税人识别号：912354689412532786 地　址、电话：青岛市市北区长宁路24号 　　　　　　　0532-838253 ×× 开户行及账号：工商银行青岛市市北区支行 　　　　　　　3214568974123596123

收款人：刘平　　复核：张希华　　开票人：陈小明　　销售方：（章）

第一联 记账联 销货方记账凭证

凭证 3-1-2

中国工商银行　进账单　　（收账通知）3

2019 年 08 月 01 日

出票人	全称	青岛市海大百货股份公司	收款人	全称	青岛市百丽化妆品有限公司
	账号	15623456874125 63101		账号	3214568974123596123
	开户银行	中国工商银行青岛市市北区支行		开户银行	中国工商银行青岛市市北区支行

人民币（大写）	人民币壹拾壹万叁仟元整	千	百	十	万	千	百	十	元	角	分
				￥	1	1	3	0	0	0	0

票据种类	转账支票	票据张数	1
票据号码			

中国工商银行
青岛市北区支行
2019.08.01
收款单位开户行盖章
转讫

复核　　记账

此联是收款人开户银行给收款人的收账通知

凭证 3-2-1

职工实务奖励领用登记表

部门单位	物品名称	单位	数量	领用人	备注
销售部	乙型高档化妆品	套	10	马丁	
销售部	乙型高档化妆品	套	10	陈华	
销售部	乙型高档化妆品	套	10	张春苹	
销售部	乙型高档化妆品	套	10	孙权	
销售部	乙型高档化妆品	套	10	刘莉莉	领用人需签名盖章
销售部	乙型高档化妆品	套	10	乔峰	该批化妆品不含税市
销售部	乙型高档化妆品	套	10	洪丽	场售价为35 000元整
销售部	乙型高档化妆品	套	10	刘慕玉	
销售部	乙型高档化妆品	套	10	张坤	
销售部	乙型高档化妆品	套	10	王晶	
合计			100		

凭证 3-2-2

库存产品出库单

科目：　　　　　　　　　　　填开日期：2019 年 08 月 05 日　　　　　　　　对方科目：

商品名称	计算单位	数量	单位成本	金额	用途
乙型高档化妆品	套	100	300.00	30 000.00	职工奖励领用
合计				30 000.00	

主管：马芳　　　　记账：王华　　　　仓库负责人：刘畅　　　　部门负责人：林涛

凭证 3-3

中国工商银行电子缴税付款凭证

转账日期：2019 年 08 月 06 日　　　　　　　　　　　凭证字号：20190310684275681

纳税人全称及纳税人识别号：青岛市百丽化妆品有限公司　912354689412532786

付款人全称：青岛市百丽化妆品有限公司
付款人账号：3214568974123596123　　　征收机关全称：国家税务总局青岛市市北区税务局
　　　　　　　　　　　　　　　　　　　　　　　　　　五里香分局
付款人开户银行：工商银行青岛市市北区支行　　收款国库（银行）名称：国家金库市北区支库(代理)
小写（合计）金额：￥52 000.00　　　　　　　缴款书交易流水号：01023657123601203
大写（合计）金额：人民币伍万贰仟元整　　　　税票号码：01023657123601203

税（费）品名称	所属日期	实缴金额
消费税	20190701—20190731	￥52 000.00

第 1 次打印　　　　　　　　　　　　　　　　　　　　打印时间：2019 年 8 月 6 日 13 时 45 分

（14.85 公分 ×21 公分）　　第二联　作付款回单（无银行收讫章无效）　　复核　　记账

凭证 3-4

领 料 单

仓库：3号材料仓库　　　　　　2019年08月09日　　　　　　领料单编号：018

编号	类别	材料名称	规格	单位	数量		实际价格	
					请领	实发	单价	金额
018		丙型高档香料	一等	千克	600	600	100.00	60 000.00
合　计（大写）人民币陆万元整						(小写) ￥60 000.00		
领料用途		委托加工丁型高档香水精			领料部门		发料部门	
					负责人	领料人	核准人	发料人
					蓝飞林	李兰	云飞	张敏

第三联　记账

凭证 3-5-1

中国工商银行
转账支票存根（鲁）
10403720
01018061

附加信息 ＿＿＿＿＿＿＿＿＿＿

出票日期：2019年08月12日

收款人：青岛市宏达有限公司

金　额：￥51 088.82

用　途：支付委托加工各项税费

单位主管：　　　会计：

凭证 3-5-2

山东增值税专用发票

NO 00592645

开票日期：2019 年 08 月 12 日

购买方	名　　　称：青岛市百丽化妆品有限公司 纳税人识别号：912354689412532786 地址、电话：山东省青岛市　0532-845612 ×× 开户银行及账户：工商银行青岛市市北区支行 　　　　　　　　3214568974123596123	密码区	略

货物或应税劳务、服务名称	规格型号	单位	数量	单价	金额	税率	税额
*劳务*加工劳务					31 000.00	13 %	4 030.00
合计					¥31 000.00		¥4 030.00

价税合计（大写）	人民币叁万伍仟零叁拾元整	（小写）¥35 030.00

销售方	名　　　称：青岛市宏达有限公司 纳税人识别号：913757056385497219 地址、电话：山东省青岛市　0532-841235 ×× 开户行及账号：工商银行青岛市崂山区支行 　　　　　　　　3115465574227596719	备注	青岛市宏达有限公司 913757056385497219 发票专用章

收款人：潘婷　　复核：王媛媛　　开票人：王慧茹　　销售方：（章）

第三联 发票联 购货方记账凭证

凭证 3-5-3

山东增值税专用发票

NO 00592645

开票日期：2019 年 08 月 12 日

购买方	名　　　称：青岛市百丽化妆品有限公司 纳税人识别号：912354689412532786 地址、电话：山东省青岛市　0532-858462 ×× 开户银行及账户：工商银行青岛市市北区支行 　　　　　　　　3214568974123596123	密码区	略

货物或应税劳务、服务名称	规格型号	单位	数量	单价	金额	税率	税额
*劳务*加工劳务					31 000.00	13 %	4 030.00
合计					¥31 000.00		¥4 030.00

价税合计（大写）	人民币叁万伍仟零叁拾元整	（小写）¥35 030.00

销售方	名　　　称：青岛市宏达有限公司 纳税人识别号：913757056385497219 地址、电话：山东省青岛市　0532-841235 ×× 开户行及账号：工商银行青岛市崂山区支行 　　　　　　　　3115465574227596719	备注	青岛市宏达有限公司 913757056385497219 发票专用章

注收款人：潘婷　　复核：王媛媛　　开票人：王慧茹　　销售方：（章）

第二联 抵扣联 购货方记账凭证

凭证 3-5-4

中华人民共和国代扣代收税款凭证

主管税务机关：国家税务总局青岛市崂山区税务局　填发日期：2019 年 08 月 12 日　字 20180014 号

纳税人	名称	青岛市百丽化妆品有限公司	扣缴义务人		青岛市宏达有限公司	
	经营类型	私营有限责任公司	税款所属时间		2019 年 08 月 1 日—2019 年 08 月 31 日	
税种	纳税项目	课税数量	计税金额	税率或单位税率	扣除额	实缴税额
消费税	高档化妆品（丁型高档香水精）	65 千克	107 058.82	15%	0.00	16 058.82
金额合计	（大写）人民币壹万陆仟零伍拾捌元捌角贰分				（小写）￥16 058.82	

主管税务机关（盖章）　扣缴义务人（盖章）　填票人（章）郑祥　备注

第二联（收据）退纳税人作完税凭证

凭证 3-6

委托加工产品入库单

科目：原材料　　日期：2019 年 08 月 18 日　　对方科目：委托加工物资

商品名称	计量单位	数量	单位成本	金额	物资来源
丁型高档香水精	千克	65	1 400.00	91 000.00	加工收回
合计				91 000.00	

主管：马芳　　记账：王华　　仓库负责人：刘莉莉　　部门负责人：崔强

凭证 3-7-1

山东增值税专用发票

NO 5432132

开票日期：2019 年 08 月 22 日

购买方	名称：青岛市远大百货股份公司 纳税人识别号：911844678565242319 地址、电话：山东省青岛市 0532-849542 ×× 开户银行及账户：工商银行青岛市市北区支行 3602156514851671	密码区	略

货物或应税劳务、服务名称	规格型号	单位	数量	单价	金额	税率	税额
香精 丁型高档香水精		千克	26	2 500.00	65 000.00	13%	8 450.00
合计					￥65 000.00		￥8 450.00

价税合计（大写）	人民币柒万叁仟肆佰伍拾元整	（小写）￥73 450.00

销售方	名称：青岛市百丽化妆品有限公司 纳税人识别号：912354689412532786 地址、电话：青岛市市北区长宁路24号 0532-838253 ×× 开户行及账号：工商银行青岛市市北区支行 3214568974123596123	备注	

收款人：刘平　　复核：张希华　　开票人：陈小明　　销售方：（章）

凭证 3-7-2

中国工商银行　进账单　（收账通知）3

2019 年 08 月 22 日

出票人	全称	青岛市远大百货股份公司	收款人	全称	青岛市百丽化妆品有限公司
	账号	3602156514851671321		账号	3214568974123596123
	开户银行	中国工商银行青岛市市北区支行		开户银行	中国工商银行青岛市市北区支行

人民币（大写）	人民币柒万叁仟肆佰伍拾元整	千	百	十	万	千	百	十	元	角	分
				￥	7	3	4	5	0	0	0

票据种类	转账支票	票据张数	1	中国工商银行 青岛市北区支行 2019.08.22 款单位开户行盖章 转讫
票据号码				
复核		记账		

凭证 3-7-3

领料单

仓库：4号材料仓库　　　　　　2019年08月22日　　　　　　领料单编号：034

| 编号 | 类别 | 材料名称 | 规格 | 单位 | 数量 | | 实际价格 | |
					请领	实发	单价	金额
034		丁型高档香水精		千克	39	39	1 400.00	54 600.00
合　计（大写）人民币伍万肆仟陆百元整						（小写）￥54 600.00		
领料用途		生产戊型高档香水			领料部门		发料部门	
					负责人	领料人	核准人	发料人
					元天昊	刘丽	李晶	张晓敏

第三联 记账

凭证 3-8-1

山东增值税专用发票

NO 5432133

开票日期：2019年08月24日

购买方	名　　　称：青岛市新天地购物中心股份公司 纳税人识别号：911235874125698429 地址、电话：山东省青岛市 0532-872458 ×× 开户银行及账户：工商银行青岛市市北区支行 　　　　　　　　3602457984123512	密码区	略

货物或应税劳务、服务名称	规格型号	单位	数量	单价	金额	税率	税额
*美容护肤品*A类高档化妆品		瓶	1 200	50.00	60 000.00	13%	7 800.00
合计					￥60 000.00		￥7 800.00

价税合计（大写）　人民币陆万柒仟捌佰元整　　　　（小写）￥67 800.00

销售方	名　　　称：青岛市百丽化妆品有限公司 纳税人识别号：912354689412532786 地址、电话：青岛市市北区长宁路24号 0532-838253 ×× 开户行及账号：工商银行青岛市市北区支行 　　　　　　　3214568974123596123	备注	

收款人：刘平　　复核：张希华　　开票人：陈小明　　销售方：（章）

第一联 记账联 销货方记账凭证

凭证3-8-2

中国工商银行　进账单（收账通知）3

2019 年 08 月 24 日

出票人	全称	青岛市新天地购物中心股份公司	收款人	全称	青岛市百丽化妆品有限公司
	账号	3602457984123512053		账号	3214568974123596123
	开户银行	工商银行青岛市市北区支行		开户银行	工商银行青岛市市北区支行

人民币（大写）	人民币陆万柒仟捌佰元整	千	百	十	万	千	百	十	元	角	分
				¥	6	7	8	0	0	0	0

票据种类	转账支票	票据张数	1
票据号码			

中国工商银行
青岛市北区支行
2019.08.24
收款单位开户行盖章

复核　　记账

此联是收款人开户银行给收款人的收账通知

凭证3-9

山东增值税专用发票

NO 5432134

开票日期：2019 年 08 月 25 日

购买方	名　　称：青岛市丽康化妆品股份有限公司 纳税人识别号：911236478912541239 地址、电话：山东省青岛市 0532-856484×× 开户银行及账户：工商银行青岛市市北区支行 3602789125310250	密码区	略

货物或应税劳务、服务名称	规格型号	单位	数量	单价	金额	税率	税额
美容护肤品 B类高档化妆品		套	400	600.00	240 000.00	13%	31 200.00
合计					¥240 000.00		¥31 200.00

价税合计（大写）	人民币贰拾柒万壹仟贰佰元整	（小写）¥271 200.00

销售方	名　　称：青岛市百丽化妆品有限公司 纳税人识别号：912354689412532786 地址、电话：青岛市市北区长宁路24号 0532-838253×× 开户行及账号：工商银行青岛市市北区支行 3214568974123596123	备注	

收款人：刘平　　复核：张希华　　开票人：陈小明　　销售方：（章）

凭证 3-10-1

山东增值税专用发票

记账联

NO 5432135

开票日期：2019 年 08 月 28 日

购买方	名　　称：青岛市夏依化妆品贸易公司 纳税人识别号：911236478912556219 地址、电话：山东省青岛市 0532-856484 ×× 开户银行及账户：工商银行青岛市市南区支行 　　　　　　　　3602789125315641	密码区	略

货物或应税劳务、服务名称	规格型号	单位	数量	单价	金额	税率	税额
美容护肤品 C类高档化妆品		瓶	1 200	120.00	144 000.00	13%	18 720.00
美容护肤品 D类高档化妆品		瓶	1 500	200.00	300 000.00	13%	39 000.00
合计					¥444 000.00		¥57 720.00

价税合计（大写）	人民币伍拾万壹仟柒佰贰拾元整	（小写）¥501 720.00

销售方	名　　称：青岛市百丽化妆品有限公司 纳税人识别号：912354689412532786 地　址、电话：青岛市市北区长宁路24号 0532-838253 ×× 开户行及账号：工商银行青岛市市北区支行 　　　　　　　3214568974123596123	备注	

收款人：刘平　　　复核：张希华　　　开票人：陈小明　　　销售方：（章）

凭证 3-10-2

 **中国工商银行　进账单**　（收账通知）3

2019 年 08 月 28 日

出票人	全称	青岛市夏依化妆品贸易公司	收款人	全称	青岛市百丽化妆品有限公司
	账号	3602789125315641823		账号	3214568974123596123
	开户银行	中国工商银行青岛市市南区支行		开户银行	中国工商银行青岛市市北区支行

人民币（大写）	人民币伍拾壹万伍仟零肆拾元整	千	百	十	万	千	百	十	元	角	分
			¥	5	0	1	7	2	0	0	0

票据种类	转账支票	票据张数	1	中国工商银行 青岛市北区支行 2019.08.28 收款单位开户行盖章 转讫
票据号码				
复核	记账			

项目四　附加税核算与申报

第一部分　职业分析能力训练

一、单选项辨析（本题是对项目四知识点的分析能力、判断能力与应用能力的单一训练，需从每小题中选择出一个正确选项）

1. 下列选项中，不属于附加税的是（　　）。
   A. 房产税　　　　　　　　　　　　B. 城市维护建设税
   C. 教育费附加　　　　　　　　　　D. 地方水利建设基金

2. 下列哪个选项是城市维护建设税的计税依据？（　　）
   A. 纳税人当期应缴的"两税"① 税额
   B. 纳税人当期实缴的"两税"税额
   C. 纳税人被处罚的"两税"罚款
   D. 纳税人因"两税"加收的滞纳金

3. 纳税人所在地在县城、建制镇的，则其适用的城市维护建设税税率为（　　）。
   A. 3%　　　　B. 1%　　　　C. 7%　　　　D. 5%

4. 下列项目中，不作为城市维护建设税计税依据的是（　　）。
   A. 纳税人被认定为偷税少缴的增值税款
   B. 纳税人被查补的增值税款
   C. 纳税人被认定为抗税少缴的消费税款
   D. 对欠缴增值税加收的滞纳金

5. 某城市一家卷烟厂委托位于县城的一家烟丝加工厂加工一批烟丝，委托方提供的烟叶成本为 100 000 元，支付加工费 15 000 元（不含增值税），受托方无同类烟丝的市场销售价格。受托方应代收代缴的城市维护建设税为（　　）元。（烟丝消费税税率为30%）
   A. 2 264.29　　　B. 2 450　　　C. 2 464.29　　　D. 2 540

6. 甲公司位于市区，2019 年 6 月份应缴纳增值税 34 万元，实际缴纳增值税 30 万元，

---

① 本书中"两税"是指增值税、消费税。

实际缴纳消费税 10 万元。

(1) 该公司本月份应缴纳的城市维护建设税是（   ）万元。
  A. 3.22   B. 3.64   C. 2.8   D. 3.12

(2) 该公司本月份应缴纳的教育费附加是（   ）万元。
  A. 1.22   B. 1.64   C. 1.46   D. 1.2

(3) 该公司本月份应缴纳的地方教育附加是（   ）万元。
  A. 0.22   B. 0.8   C. 0.4   D. 0.2

(4) 该公司本月份应缴纳的地方水利建设基金是（   ）元。
  A. 2 200   B. 1 800   C. 2 000   D. 1 200

7. 某市区一家公司 2019 年 2 月应缴纳增值税 5 万元，减免 1 万元，补缴 1 月份未缴纳的增值税 3.5 万元、滞纳金 0.5 万元。则当月该公司应缴纳城市维护建设税（   ）元。
  A. 2 800   B. 5 250   C. 5 950   D. 6 300

8. 某市一家公司 2019 年 4 月被税务机关查补增值税 6.5 万元、消费税 3.5 万元、所得税 12 万元，同时被处罚款 4 万元、加收滞纳金 0.2 万元。该公司当月应缴纳城市维护建设税及教育费附加共计（   ）万元。
  A. 1.42   B. 2.2   C. 0.8   D. 1

9. 某建筑企业为一般纳税人（适用一般计税方法），2019 年 3 月跨县（市、区）提供建筑服务实现收入 5 550 万元，支付分包款 888 万元，建筑服务所在地适用城市维护建设税税率为 7%，不考虑其他因素。则该企业在建筑服务所在地随预缴增值税附加征收的城市维护建设税为（   ）万元。
  A. 5.93   B. 37.5   C. 18.06   D. 20.44

10. 某公司为一般纳税人，2019 年 3 月出租一处与机构所在地不在同一县（市、区）的房产，取得当月租金收入 2.2 万元（含税），该房产系 2016 年 5 月 1 日后取得。则该公司在房产所在地随预缴增值税附加征收的教育费附加为（   ）元。
  A. 18   B. 9   C. 33   D. 66

11. 甲企业（一般纳税人）2019 年 2 月销售一处旧仓库，开具普通发票注明金额为 77.7 万元，该仓库购置原价为 56.7 万元，系 2016 年 5 月 30 日购得。则该企业随增值税附加征收的地方教育附加为（   ）元。
  A. 1 200   B. 20   C. 200   D. 120

12. 某建筑公司为小规模纳税人（机构在 A 县），2019 年 4 月在 B 县提供建筑服务，合同总金额 103 万元，支付分包款 41.2 万元。则该公司在建筑服务所在地随预缴增值税附加征收的城市维护建设税为（   ）元。
  A. 1 500   B. 150   C. 900   D. 600

13. 山东省某地一家商店（小规模纳税人）于 2019 年 3 月份取得含税销售收入 12.36 万元，当月购进商品共支付价款 8.19 万元。则该商店当月随增值税附加征收的地方水利建设基金为（   ）元。
  A. 18   B. 18.54   C. 43.26   D. 60

14. 某小规模纳税企业本月购入材料一批，取得的专用发票中注明货款为 100 万元、税额为17万元。本月销售产品一批，开出的普通发票中注明货款为206万元（含税）。该企业本月随增值税附加征收的地方水利建设基金为（   ）元。

    A. -550   B. 850   C. 300   D. 0

15. 至2020年12月31日前，纳税人季度销售额或营业额超过9万元、不超过30万元的，不能享受免征（   ）的优惠政策。

    A. 城市维护建设税   B. 教育费附加

    C. 地方教育附加   D. 地方水利建设基金

二、多选项辨析（本题是对项目四知识点的分析能力、判断能力与应用能力的复合训练，具有一定的综合性，需从每小题中选择出多个正确选项）

1. 附加税的具体内容包括（   ）。

    A. 地方水利建设基金   B. 城市维护建设税

    C. 教育费附加   D. 地方教育附加

2. 按照纳税人所在地的不同，城市维护建设税的适用税率有（   ）。

    A. 3%   B. 5%   C. 7%   D. 1%

3. 下列选项中，符合城市维护建设税计税依据规定的有（   ）。

    A. 偷逃消费税而被查补的税款

    B. 偷逃消费税而加收的滞纳金

    C. 偷逃增值税而被查处的罚款

    D. 出口产品征收的消费税税额

4. 关于教育费附加，下列说法中正确的有（   ）。

    A. 海关对进口产品代征消费税的，不代征教育费附加

    B. 因减免增值税、消费税而发生退税的，可同时退还已征收的教育费附加

    C. 出口产品退还增值税、消费税的，同时退还已经征收的教育费附加

    D. 对"两税"实行先征后返、先征后退、即征即退办法的，除另有规定外，对随"两税"附加征收的教育费附加，一律不予退（返）还

5. 下列选项中，属于城市维护建设税征税范围的有（   ）。

    A. 缴纳增值税的交通运输业   B. 海关对进口产品代征的"两税"

    C. 外国企业   D. 外商投资企业

6. 以下情况符合城市维护建设税计征规定的有（   ）。

    A. 对出口产品退还增值税、消费税的，也一并退还已缴纳的城市维护建设税

    B. 纳税人享受"两税"的免征优惠时，也同时免征城市维护建设税

    C. 纳税人违反"两税"规定而加收的滞纳金和罚款，也作为城市维护建设税的计税依据

    D. 海关对进口产品代征的"两税"不征收城市维护建设税

7. 纳税人预缴增值税时，按预缴地的城市维护建设税税率就地计算缴纳城市维护建设税的情形包括（   ）。

    A. 出租不动产   B. 销售不动产

    C. 跨地区提供建筑服务   D. 销售无形资产

8. 纳税人跨地区提供建筑服务、销售和出租不动产的,在建筑服务发生地、不动产所在地随预缴增值税就地计算缴纳的税种包括( )。
   A. 地方水利建设基金　　　　　　B. 城市维护建设税
   C. 教育费附加　　　　　　　　　D. 地方教育附加

9. 自2016年2月1日起,纳税人享受免征教育费附加、地方教育附加、地方水利建设基金税收政策的情形有( )。
   A. 按月纳税的,月销售额或营业额不超过3万元
   B. 按季度纳税的,季度销售额或营业额不超过9万元
   C. 按月纳税的,月销售额或营业额不超过10万元
   D. 按季度纳税的,季度销售额或营业额不超过30万元

10. 至2020年12月31日前,纳税人季度销售额或营业额超过9万元、不超过30万元的,可以享受免征( )的优惠政策。
    A. 城市维护建设税　　　　　　　B. 教育费附加
    C. 地方教育附加　　　　　　　　D. 地方水利建设基金

11. 至2020年12月31日前,纳税人满足"销售额或营业额不超过3万元(月)或9万元(季)"政策条件的,可以享受免征( )税收优惠。
    A. 城市维护建设税　　　　　　　B. 教育费附加
    C. 增值税　　　　　　　　　　　D. 地方水利建设基金

三、正误辨析(本题是对项目四知识点的分析能力、判断能力的单一训练,需要给出每个命题正确或错误的判断)

1. 纳税人在被查补"两税"和被处以罚款时,应同时对其城市维护建设税进行补税、征收滞纳金和罚款。（　　）

2. 山东省的企业要以实际缴纳的"两税"之和为计税依据,按照3%的征收率附加征收"地方教育附加"。（　　）

3. 山东省的企业要以实际缴纳的"两税"之和为计税依据,按照2%的征收率附加征收"地方水利建设基金"。（　　）

4. 自2016年2月1日起,按月纳税的月销售额或营业额不超过10万元(按季度纳税的季度销售额或营业额不超过30万元)的缴纳义务人,免征教育费附加、地方教育附加、地方水利建设基金。（　　）

5. 城市维护建设税、教育费附加、地方教育附加、地方水利建设基金等,通过"税金及附加"科目核算,计入当期损益。（　　）

6. 由受托方代收、代扣"两税"的,按照扣缴义务人所在地的适用税率计算代收、代扣城市维护建设税。（　　）

7. 纳税人跨地区提供建筑服务、销售和出租不动产的,应在建筑服务发生地、不动产所在地预缴增值税时,以预缴增值税税额为计税依据,并按预缴增值税所在地的城市维护建设税适用税率和教育费附加征收率就地计算缴纳城市维护建设税和教育费附加。（　　）

四、业务解析

业务（一）

1. 业务资料

青岛市一家大型商品零售企业适用的城市维护建设税税率为7%、教育费附加的征收率为3%、地方教育附加的征收率为2%、地方水利建设基金的征收率为0.5%。

2019年4月份，该企业缴纳增值税133万元，包含海关代征进口商品增值税13万元；缴纳消费税20万元，因故被加收滞纳金1.5万元。

2. 工作要求

（1）计算各项附加税的应纳税额。
（2）编制4月30日计提应交附加税的会计分录。
（3）编制次月实际缴纳附加税时的会计分录。

业务（二）

1. 业务资料

山东省A市甲公司为增值税一般纳税人，适用一般计税方法，2019年2月出售位于B市的一处厂房（2016年5月1日后自建），取得收入6.3万元存入银行，向对方开具了增值税普通发票。甲公司适用一般计税方法，不考虑其他因素。

2. 工作要求

（1）计算甲公司2月份在B市应预缴的增值税税额。
（2）计算甲公司2月份在B市就地应缴纳的附加税税额。
（3）编制甲公司预缴增值税和附加税时的会计分录。

业务（三）

1. 业务资料

山东省某公司为增值税小规模纳税人，2019年4月出租一处仓库（与机构所在地不在同一县市区），收取第二季度租金8.4万元，自行开具增值税普通发票。仓库所在地为县城，不考虑其他因素。

2. 工作要求

（1）计算在仓库所在地应预缴的增值税税额。
（2）计算在仓库所在地就地缴纳的附加税税额。
（3）编制实际预缴增值税和附加税时的会计分录。

业务（四）

1. 业务资料

山东省潍坊市一家装修服务公司属于小规模纳税人，专门从事家居装修服务，按季度申报缴纳增值税。2019年1月实现装修服务收入20 600元，2月实现装修服务收入30 900元，3月实现装修服务收入39 140元，上述收入金额均含增值税，款项已收妥。

该公司适用的城市维护建设税税率为7%、教育费附加征收率为3%、地方教育附加征收率为2%、地方水利建设基金征收率为0.5%。

2. 工作要求

（1）编制 1 月份有关增值税、附加税的会计分录。

（2）编制 2 月份有关增值税、附加税的会计分录。

（3）编制 3 月份有关增值税、附加税的会计分录。

（4）分析判断该公司本季度是否满足增值税和附加税的免税政策条件，并编制相关会计分录。

业务（五）

1. 业务资料

山东又一村酒业有限公司是一家粮食白酒生产企业，为增值税一般纳税人。2019 年 3 月，当月应缴纳的增值税为 100 万元。本月该公司销售白酒 100 吨，取得不含增值税的销售额 1 480 万元。根据《中华人民共和国消费税暂行条例》的规定，白酒采用从价定率和从量定额混合计税方法。

该公司适用的城市维护建设税税率为 7%、教育费附加征收率为 3%、地方教育附加征收率为 2%、地方水利建设基金征收率为 0.5%。

2. 工作要求

（1）计算该公司当月应缴纳的消费税税额。

（2）计算该公司当月应缴纳的各项附加税的金额。

（3）编制 3 月 31 日计提附加税的会计分录。

（4）编制次月实际缴纳"两税"时的会计分录。

（5）编制次月实际缴纳附加税时的会计分录。

答案 4.1.4

第二部分　职业实践能力训练

一、企业基础信息

企　业　名　称：山东又一村酒业有限公司

企　业　类　型：有限责任公司

注　册　资　本：7 000 万元人民币

开　户　银　行：中国工商银行潍坊市长松路支行

账　　　　　号：3700230135056800342

纳税人识别号：91370701169450039A

联　系　电　话：0536-29002××

公　司　地　址：山东省潍坊市长松路 556 号

经　营　范　围：粮食白酒的生产与销售

法定代表人：雷声

财务负责人：刘玉蓝

会　　　　计：王小芸

出　　　　纳：李丽

办　税　员：张立

二、能力目标

1. 能够规范、完整地填制《应交附加税（费）计算表》，准确计算应纳税额。
2. 能够准确、完整地填写《城市维护建设税、教育费附加、地方教育附加申报表》。
3. 能够及时、无误地办理附加税（费）的纳税申报、税款缴纳工作。
4. 能够根据附加税（费）的相关原始凭证，准确编制记账凭证。

三、实训要求

1. 填制如表4-1所示的《应交附加税（费）计算表》，并编制计提附加税的记账凭证。
2. 填制表4-2《城市维护建设税、教育费附加、地方教育附加申报表》。
3. 根据凭证4-1"电子缴税付款凭证"，编制缴纳"两税"的记账凭证。
4. 根据凭证4-2"电子缴税付款凭证"，编制缴纳附加税的记账凭证。

四、实训耗材

《应交附加税（费）计算表》1张，《城市维护建设税、教育费附加、地方教育附加申报表》1张，记账凭证3张。

五、实训资料

1. 山东又一村酒业有限公司2019年3月份的数据资料，见本项目第一部分"四、业务解析—业务（五）"。
2. 2019年4月15日，缴纳3月份增值税、消费税，取得"电子缴税付款凭证"（凭证4-1）。
3. 2019年4月15日，缴纳3月份附加税，取得"电子缴税付款凭证"（凭证4-2）。

表4-1 应交附加税（费）计算表

2019年3月31日　　　　　　　　　　　　　　　　　金额单位：元

征收项目	计税依据			税率	应交金额
	增值税	消费税	合计		
合计					

会计主管：　　　　　　　　　　　　　　　　　　　　　　　制单：

表 4-2 城市维护建设税、教育费附加、地方教育附加申报表

税款所属期：自　年　月　日　至　年　月　日

金额单位：人民币元（列至角分）

纳税人识别号（统一社会信用代码）：

纳税人名称：

本期是否适用增值税小规模纳税人减征政策（减免性质代码：07049901，减征城市维护建设税_城市维护建设税_教育费附加_地方教育附加）：□是 □否

减征比例___城市维护建设税（%）
减征比例___教育费附加（%）
减征比例___地方教育附加（%）

本期是否适用试点建设培育产教融合型企业抵免政策：□是 □否

当期新增投资额
上期留抵可抵免金额
结转下期可抵免金额

税（费）种	计税（费）依据				税率（征收率）	本期应纳税（费）额	本期减免税（费）额		本期增值税小规模纳税人减征额	试点建设培育产教融合型企业		本期已缴税（费）额	本期应补（退）税（费）额
	增值税		消费税	营业税	合计			减免性质代码	减免税（费）额		减免性质	本期抵免金额		
	一般增值税	免抵税额												
	1	2	3	4	5=1+2+3+4	6	7=5×6	8	9	10	11	12	13	14=7-9-10-12-13
城市维护建设税														
教育费附加														
地方教育附加														
水利建设专项收入							—			—				
合计														

谨声明：本纳税申报表是根据国家税收法律法规及相关规定填报的，是真实的、可靠的、完整的。

纳税人（签章）：

经办人：
经办人身份证号：
代理机构签章：
代理机构统一社会信用代码：

受理人：
受理税务机关（章）：
受理日期：　年　月　日

凭证4-1

中国工商银行电子缴税付款凭证

转账日期：2019 年 04 月 15 日　　　　　　　　　凭证字号：201904152311023

纳税人全称及纳税人识别号：	山东又一村酒业有限公司 91370701169450039A		
付款人全称：	山东又一村酒业有限公司		
付款人账号：	370023013505680 0342	征收机关名称：	国家税务总局潍坊市潍城区税务局北关分局
付款人开户银行：	中国工商银行潍坊市中山路支行	收款国库名称：	国家金库西城区支库
小写（金额）合计：	￥4 060 000.00	缴款书交易流水号：	201811153200101
大写（金额）合计：	人民币肆佰零陆万元整	税票号码：	3201904556233409
税（费）种名称	所属时期		实缴金额
增值税	20190301—20190331		￥1 000 000.00
消费税	20190301—20190331		￥3 060 000.00

凭证4-2

中国工商银行电子缴税付款凭证

转账日期：2019 年 04 月 15 日　　　　　　　　　凭证字号：201904152311036

纳税人全称及纳税人识别号：	山东又一村酒业有限公司 91370701169450039A		
付款人全称：	山东又一村酒业有限公司		
付款人账号：	370023013505680 0342	征收机关名称：	国家税务总局潍坊市潍城区税务局北关分局
付款人开户银行：	中国工商银行潍坊市中山路支行	收款国库名称：	国家金库西城区支库
小写（金额）合计：	￥507 500.00	缴款书交易流水号：	201811151200011
大写（金额）合计：	人民币伍拾万柒仟伍佰元整	税票号码：	3201904530233052
税（费）种名称	所属时期		实缴金额
城市维护建设税	20190301—20190331		￥284 200.00
教育费附加	20190301—20190331		￥121 800.00
地方教育附加	20190301—20190331		￥81 200.00
水利建设专项收入	20190301—20190331		￥20 300.00

答案4.2

项目五

企业所得税核算与申报

第一部分　职业分析能力训练

一、单选项辨析（本题是对项目五知识点的分析能力、判断能力与应用能力的单一训练，需从每小题中选择出一个正确选项）

1. 下列选项中，属于企业所得税纳税人的是（　　）。
   A. 在中国境内成立的个体工商户　　　　B. 在中国境内成立的合伙企业
   C. 在中国境内成立的个人独资企业　　　D. 在中国境内成立的有限责任公司

2. 符合条件的小型微利企业适用的优惠税率，比企业所得税的法定税率低（　　）。
   A. 1%　　　　B. 5%　　　　C. 10%　　　　D. 15%

3. 某一企业要认定为小型微利企业必须符合的条件是：年度应纳税所得额不超过（　　）万元，从业人数不超过（　　）人，资产总额不超过（　　）万元。
   A. 300，300，5 000　　　　B. 100，100，3 000
   C. 100，80，1 000　　　　D. 50，100，3 000

4. 国家需要重点扶持的高新技术企业，减按（　　）的税率征收企业所得税。
   A. 90%　　　　B. 70%　　　　C. 15%　　　　D. 20%

5. 下列项目中，不属于税法规定的销售货物应税收入的确认条件的是（　　）。
   A. 相关的经济利益很可能流入企业
   B. 收入的金额能够可靠地计量
   C. 已发生或将发生的销售方的成本能够可靠地核算
   D. 商品销售合同已经签订，企业已将商品所有权相关的主要风险和报酬转移给购货方

6. 根据企业所得税的相关规定，以下选项中属于不征税收入的是（　　）。
   A. 转让国债收入　　　　　　　B. 股息、红利等权益性投资收益
   C. 财政拨款　　　　　　　　　D. 国债利息收入

7. 甲公司于 2018 年 6 月 1 日与乙公司签订租赁合同，将拥有的一处房产租赁给乙公司，租期 10 年，每年 6 月 1 日乙公司支付下一年度（12 个月）的租赁费 24 万元。合同签订当日甲公司收到第一年的租金 24 万元。《纳税调整项目明细表》中"未

按权责发生制原则确认的收入"项目的纳税调整金额为（   ）万元。
   A. 10　　　　　B. 24　　　　　C. 14　　　　　D. -10

8. 甲公司于 2018 年 1 月 1 日持有对乙公司的长期股权投资，乙公司实现的 2018 年度净利润中，甲公司按 30% 股权计算应享有 10 万元。甲公司于 2018 年 7 月 18 日购买的交易性金融资产，当年收到现金股利 800 元。则《纳税调整项目明细表》中，"投资收益"项目的纳税调整金额为（   ）元。
   A. 100 000　　　B. -100 000　　C. 800　　　　　D. -800

9. 《纳税调整项目明细表》中，不属于扣除类调整项目的是（   ）。
   A. 与未实现融资收益相关在当期确认的财务费用
   B. 视同销售成本
   C. 资产折旧、摊销
   D. 跨期扣除项目

10. 某公司 2018 年实际支出的工资薪金为 150 万元，职工福利费本期发生 30 万元。在计算该公司 2018 年应纳税所得额时，因职工福利费支出而应调整的应纳税所得额为（   ）万元。
    A. 0　　　　　B. 30　　　　　C. 9　　　　　D. 6

11. 某公司 2018 年实际支出的工资薪金为 150 万元，拨缴的工会经费为 4 万元，已取得工会拨缴收据。在计算该公司 2018 年应纳税所得额时，允许扣除的工会经费金额为（   ）万元。
    A. 0　　　　　B. 3　　　　　C. 5　　　　　D. 2

12. 某公司 2018 年实际支出的工资为 150 万元，发生职工教育经费 12.5 万元。计算该公司 2018 年应纳税所得额时，因职工教育经费支出而应调整的应纳税所得额为（   ）万元。
    A. 0.5　　　　B. 0.75　　　　C. 8.75　　　　D. 4.5

13. 企业为职工缴纳的下列保险费，在计算应纳税所得额时不得扣除的是（   ）。
    A. 补充养老保险费　　　　　　B. 补充医疗保险费
    C. 失业保险费　　　　　　　　D. 商业保险费

14. 2018 年，某公司全年主营业务收入 5 000 万元、其他业务收入 100 万元，全年发生业务招待费 60 万元。该公司 2018 年度汇算清缴时，《纳税调整项目明细表》中"业务招待费支出"项目的纳税调整金额为（   ）万元。
    A. 34.5　　　　B. 25.5　　　　C. 31.2　　　　D. 36

15. 2018 年，某公司实现销售收入 500 万元，当年计入销售费用中的广告费为 60 万元，2017 年结转扣除的广告费为 35 万元。则该公司 2018 年度汇算清缴时，《纳税调整项目明细表》中"广告费和业务宣传费"项目的纳税调整金额是（   ）万元。
    A. 75　　　　　B. -35　　　　C. -15　　　　D. -75

16. 某公司 2018 年度通过某县民政局向当地贫困人口捐赠 150 万元，当年该公司会计利润为 1 000 万元。则该公司 2018 年度汇算清缴时，《纳税调整项目明细表》中"捐赠支出"项目的纳税调整金额为（   ）万元。

A. 120　　　　　　B. 150　　　　　　C. -30　　　　　　D. 30

17. 所有行业企业 2014 年 1 月 1 日后新购进的专门用于研发的仪器、设备，单位价值不超过（　　）万元的，允许一次性计入当期成本费用在计算应纳税所得额时扣除，不再分年度计算折旧。
    A. 80　　　　　　B. 500　　　　　　C. 200　　　　　　D. 100

18. 依据企业所得税的相关规定，下列收入中属于免税收入的是（　　）。
    A. 财产转让收入　　　　　　　　B. 特许权使用费收入
    C. 银行存款利息收入　　　　　　D. 购买国库券利息收入

19. 企业以《资源综合利用企业所得税优惠目录》规定的资源作为主要原材料，生产国家非限制和禁止并符合国家和行业相关标准的产品所取得的收入，减按（　　）计入收入总额。
    A. 90%　　　　　　B. 70%　　　　　　C. 25%　　　　　　D. 20%

20. 2018—2020 年年底，企业为开发新技术、新产品、新工艺发生的研究开发费用，在全额扣除的基础上再按照研究开发费用的（　　）加计扣除。
    A. 150%　　　　　B. 75%　　　　　　C. 100%　　　　　D. 50%

21. 甲公司将自行开发的一项专利权转让，取得转让收入 1 000 万元，与该项技术转让相关的成本、费用为 400 万元，企业的所得税税率为 25%。则甲公司就该项专利权转让应缴纳的企业所得税为（　　）万元。
    A. 12.5　　　　　　B. 125　　　　　　C. 250　　　　　　D. 150

22. 创业投资企业采取股权投资方式投资于未上市的中小高新技术企业 2 年（24 个月）以上的，可以按照其投资额的（　　）在股权持有满 2 年的当年抵扣该创业投资企业的应纳税所得额。
    A. 90%　　　　　　B. 70%　　　　　　C. 25%　　　　　　D. 20%

23. 某创业投资企业 2016 年 8 月 1 日向境内某未上市的中小高新技术企业投资 200 万元。2018 年度该创业投资企业利润总额 890 万元；未经财税部门核准，提取风险准备金 10 万元。不考虑其他纳税调整事项，该创业投资企业 2018 年度企业所得税应纳税额为（　　）万元。
    A. 82.5　　　　　　B. 85　　　　　　C. 187.5　　　　　D. 190

24. 企业购置并实际使用符合规定的环境保护、节能节水、安全生产等专用设备的，可按专用设备投资额的（　　）抵免当年企业所得税应纳税额。
    A. 90%　　　　　　B. 70%　　　　　　C. 25%　　　　　　D. 10%

25. 某公司 2018 年缴纳的企业所得税为 100 万元，享受的减免所得税额为 10 万元，当年购买并投入使用的环境保护设备一台，投资额为 200 万元。则该公司当年企业所得税应纳税额为（　　）万元。
    A. 80　　　　　　B. 70　　　　　　C. 60　　　　　　D. 50

26. 2018 年，年度应纳税所得额不超过 100 万元的小型微利企业，其享受的年减免所得税额等于（　　）。
    A. 年度应纳税所得额×(25%-20%)　　B. 年度应纳税所得额×20%
    C. 年度应纳税所得额×15%　　　　　D. 年度应纳税所得额×5%

27. 2018年，某工业企业资产总额2 900万元，从业人员87人，营业收入1 580万元，营业成本600万元，税金及附加460万元，其他费用400万元。成本费用中包括新技术研究开发费用80万元，无其他纳税调整事项。该企业当年应缴纳的企业所得税为（　　）万元。

  A. 6. 6   B. 8   C. 18. 9   D. 15

28. 国家重点扶持的高新技术企业，其享受的减免所得税额等于（　　）。

  A. 年度应纳税所得额×(25% – 20%) B. 年度应纳税所得额×(25% – 15%)

  C. 年度应纳税所得额×15%   D. 年度应纳税所得额×20%

29. 国家重点扶持的某高新技术企业2018年利润总额为150万元，产品销售收入为1 800万元，业务招待费支出为12万元，不存在其他纳税调整事项。则该企业当年应享受的减免税额为（　　）万元。

  A. 15. 48   B. 38. 25   C. 25. 41   D. 25. 79

30. 2018年度某公司主营业务收入为2 000万元，其他业务收入为220万元。收入对应的营业成本为1 550万元，期间费用、税金及附加为200万元，营业外支出为100万元（其中90万元为公益性捐赠支出），上年度公司经税务机关核定的亏损为30万元。则该公司2018年度的应纳税所得额为（　　）万元。

  A. 370   B. 415. 6   C. 385. 6   D. 44. 4

31. 某工业企业2018年从业人数88人、资产总额880万元。2015年、2016年、2017年和2018年补亏前的应纳税所得额分别是 – 83万元、50万元、 – 10万元和45万元。则该企业2018年应缴纳的企业所得税为（　　）万元。

  A. 0. 2   B. 0. 8   C. 0. 4   D. 0. 5

32. 某公司符合小型微利企业条件，2019年实现应纳税所得额为300万元。不考虑其他因素，该公司2019年应缴纳的企业所得税为（　　）万元。

  A. 25   B. 75   C. 30   D. 60

33. 税务机关对某企业进行税务检查时发现，该企业能正确核算收入总额，但不能正确查实成本费用总额。则税务机关对该企业应采用什么方式征收企业所得税？（　　）

  A. 核定其应税所得率

  B. 核定其应纳所得税额

  C. 查账征收

  D. 在核定其应税所得率和核定其应纳所得税额两种征收方式中选择一种

34. 某企业2018年度自行申报的应税收入总额为150万元，成本费用总额为170万元，当年经营亏损20万元。经税务机关审核，该企业收入总额无法核实，成本费用总额核算正确，决定对其核定征收企业所得税，核定的应税所得率为8%。该企业2018年应缴纳的企业所得税为（　　）万元。

  A. 7. 04   B. 7. 4   C. 7. 61   D. 8. 04

35. 企业在取得资产、负债时，应当确定其（　　）。

  A. 暂时性差异   B. 时间性差异

  C. 计税基础   D. 永久性差异

36. 资产、负债的（　　）与其计税基础存在差异的，应当确认为递延所得税资产或递延所得税负债。
   A. 公允价值　　　　B. 净值　　　　C. 实际成本　　　　D. 账面价值

37. 资产的计税基础是指企业收回资产（　　）的过程中计算应纳税所得额时按照税法规定可以自应税经济利益中抵扣的金额。
   A. 账面价值　　　　　　　　　　　B. 可收回金额
   C. 未来净现金流量现值　　　　　　D. 公允价值

38. 某公司 2016 年 12 月 31 日取得的一台机器设备，原价为 1 000 万元，预计使用年限为 10 年，进行会计处理时按照年限平均法计提折旧，税法处理时允许加速折旧，该公司在计税时对该项资产按双倍余额递减法计提折旧，预计净残值为零。2018 年 12 月 31 日，该公司对该项固定资产计提了 80 万元的固定资产减值准备。则 2018 年 12 月 31 日，该固定资产的计税基础为（　　）万元。
   A. 720　　　　　B. 640　　　　　C. 80　　　　　D. 0

39. 负债的计税基础是指负债的（　　）减去未来期间计算应纳税所得额时按照税法规定可予抵扣的金额。
   A. 账面价值　　　　　　　　　　　B. 可收回金额
   C. 未来净现金流量现值　　　　　　D. 公允价值

40. 某公司 2018 年 12 月 31 日收到客户预付款项 400 万元。若按照税法规定，该预收账款计入当年应纳税所得额。则 2018 年年末该项预收账款的计税基础为（　　）万元。
   A. 0　　　　　B. 200　　　　　C. 400　　　　　D. 40

41. 某公司 2018 年 12 月份，收到环保部门的罚款通知，公司因排污违反规定被罚款 100 万元，至年末款项尚未支付，资产负债表中"其他应付款"项目的金额为 100 万元。则该公司"其他应付款"负债的计税基础是（　　）万元。
   A. 100　　　　　B. 0　　　　　C. -100　　　　　D. 25

42. 云顶公司对售出产品提供售后服务，2017 年 12 月 31 日计提产品质量保证费用 100 万元，属首次计提。2018 年实际发生产品质量保证费用支出 90 万元，本年计提产品质量保证费用 110 万元。根据上述资料，回答下列问题。

   （1）2018 年 12 月 31 日，资产负债表中"预计负债"的账面价值为（　　）万元。
   A. 110　　　　　B. 120　　　　　C. 100　　　　　D. 0

   （2）2018 年 12 月 31 日，根据税法规定，"预计负债"的计税基础为（　　）万元。
   A. 110　　　　　B. 120　　　　　C. 100　　　　　D. 0

   （3）2018 年度企业所得税汇算清缴时，《纳税调整项目明细表》中"跨期扣除项目"的纳税调整金额为（　　）万元。
   A. 20　　　　　B. -20　　　　　C. 10　　　　　D. -10

43. 暂时性差异是指（　　）。
   A. 会计利润与应税利润由于计算口径不一致所产生的差额

B. 会计利润与应税利润由于计算时间不一致所产生的差额

C. 资产或负债的账面价值与计税基础之间的差额

D. 资产或负债的可收回金额与计税基础之间的差额

44. 某公司于 2018 年 3 月 20 日购入一台不需要安装的设备，设备价款为 200 万元，增值税税额为 34 万元。会计处理采用年限平均法计提折旧，税法规定允许采用双倍余额递减法计提折旧，假定预计使用年限为 5 年（会计与税法相同），无残值（会计与税法相同）。则 2018 年 12 月 31 日该设备产生的应纳税暂时性差异余额为（　　）万元。

  A. 35.1   B. 170   C. 30   D. 140

45. 某公司 2017 年 12 月 24 日购入固定资产一台，原值为 60 000 元，假定无预计净残值，税法规定采用直线法计提折旧，折旧年限为 5 年；该公司采用直线法计提折旧，折旧年限为 3 年。2018 年 12 月 31 日该项资产引起的可抵扣暂时性差异的金额为（　　）元。

  A. 4 000   B. 8 000   C. 0   D. 2 000

46. 长江公司于 2018 年 1 月 1 日，以银行存款 3 000 万元取得甲公司 40% 的股权，投资当日甲公司可辨认净资产的公允价值为 8 000 万元。甲公司产生的 2018 年度净亏损中，长江公司按 40% 股权计算，应分担 100 万元。根据上述资料，回答下列问题。

（1）2018 年 12 月 31 日，该项长期股权投资的计税基础为（　　）万元。

  A. 3 000   B. 3 200   C. 3 100   D. 2 900

（2）2018 年 12 月 31 日，该项长期股权投资的账面价值为（　　）万元。

  A. 3 000   B. 3 200   C. 3 100   D. 2 900

（3）2018 年 12 月 31 日，《纳税调整项目明细表》中"按权益法核算长期股权投资对初始投资成本调整确认收益"项目的纳税调整金额为（　　）万元。

  A. 200   B. -200   C. 100   D. -100

（4）2018 年 12 月 31 日，《纳税调整项目明细表》中"投资收益"项目的纳税调整金额为（　　）万元。

  A. 200   B. -200   C. 100   D. -100

（5）2018 年 12 月 31 日，该项长期股权投资产生的暂时性差异为（　　）万元。

  A. 应纳税暂时性差异 -100   B. 可抵扣暂时性差异 -200

  C. 应纳税暂时性差异 100   D. 可抵扣暂时性差异 200

47. 2018 年 7 月 18 日，长江公司自公开市场取得一项交易性金融资产，支付买价 200 万元、交易费用 1 万元。同年 12 月 31 日，该项交易性金融资产的市价为 208 万元。根据上述资料，回答下列问题。

（1）2018 年 12 月 31 日，该项交易性金融资产的公允价值变动损益额为（　　）万元。

  A. 208   B. 8   C. 7   D. -8

（2）2018 年 12 月 31 日，该项交易性金融资产的计税基础为（　　）万元。

  A. 208   B. 200   C. 201   D. 8

(3) 2018 年 12 月 31 日，该项交易性金融资产的账面价值为（　　）万元。
   A. 208   B. 200   C. 201   D. 8

(4) 2018 年 12 月 31 日，《纳税调整项目明细表》中"公允价值变动净损益"项目的纳税调整金额为（　　）万元。
   A. 208   B. 8   C. 7   D. -8

(5) 2018 年 12 月 31 日，《纳税调整项目明细表》中"交易性金融资产初始投资调整"项目的纳税调整金额为（　　）万元。
   A. 8   B. -8   C. -1   D. 1

(6) 2018 年 12 月 31 日，该项交易性金融资产产生的暂时性差异为（　　）万元。
   A. 应纳税暂时性差异 -7   B. 可抵扣暂时性差异 -8
   C. 应纳税暂时性差异 7   D. 可抵扣暂时性差异 8

48. 存在应纳税暂时性差异的，按照《企业会计准则第 18 号——所得税》的规定，应确认（　　）。
   A. 时间性差异   B. 递延所得税负债
   C. 永久性差异   D. 递延所得税资产

49. 存在可抵扣暂时性差异的，按照《企业会计准则第 18 号——所得税》的规定，应确认（　　）。
   A. 时间性差异   B. 递延所得税负债
   C. 永久性差异   D. 递延所得税资产

50. 2018 年度某公司全年应纳所得税额为 2 245 000 元，"递延所得税资产"科目年初、年末余额分别为 3 000 元、30 300 元，"递延所得税负债"科目年初、年末余额分别为 24 000 元、34 500 元。则该公司 2018 年度《利润表》中的"所得税费用"为（　　）元。
   A. 2 222 800   B. 2 228 200   C. 1 328 000   D. 3 128 200

51. 某公司于 2018 年 2 月 18 日开业，该公司的纳税年度时间为（　　）。
   A. 2018 年 2 月 1 日至 2019 年 12 月 31 日
   B. 2018 年 2 月 18 日至 2019 年 2 月 17 日
   C. 2018 年 2 月 18 日至 2018 年 12 月 31 日
   D. 以上三种由纳税人自行选择

52. 企业月份或季度终了预缴企业所得税、年度终了汇算清缴，预缴和汇算清缴的规定期限分别为（　　）。
   A. 15 日、45 日   B. 7 日、45 日   C. 15 日、5 个月   D. 15 日、4 个月

二、多选项辨析（本题是对项目五知识点的分析能力、判断能力与应用能力的复合训练，具有一定的综合性，需从每小题中选择出多个正确选项）

1. 下列选项中，属于企业所得税税率的有（　　）。
   A. 25%   B. 20%   C. 15%   D. 10%

2. 企业下列收入中，应计入收入总额计算缴纳企业所得税的有（　　）。

A. 接受捐赠收入　　　　　　　　　　B. 利息收入
   C. 股息、红利等权益性投资收益　　　　D. 企业发生非货币性资产交换所得

3. 根据企业所得税的相关规定，下列选项对收入确认时点描述正确的有（　　）。
   A. 企业通过托收承付方式收款的，在办妥托收手续时确认
   B. 企业提供安装服务的，应根据安装完工进度确认
   C. 企业通过预收方式收款的，在发出商品时确认
   D. 企业以支付手续费方式委托代销的，在收到代销清单时确认

4. 根据企业所得税的相关规定，准予从收入总额中扣除的不征税收入有（　　）。
   A. 财政拨款
   B. 依法收取并纳入财政管理的行政事业性收费
   C. 国债利息收入
   D. 依法收取并纳入财政管理的政府性基金

5. 下列选项中，计算企业应纳税所得额时准予扣除的项目有（　　）。
   A. 缴纳的消费税　　　　　　　　　　B. 缴纳的税收滞纳金
   C. 缴纳的行政性罚金　　　　　　　　D. 缴纳的财产保险费

6. 计算企业所得税应纳税所得额时，下列支出不得扣除的有（　　）。
   A. 向投资者支付的权益性投资收益款项　B. 企业所得税税款
   C. 税收滞纳金　　　　　　　　　　　D. 合理的工资支出

7. 计算企业所得税应纳税所得额时，下列项目不得在税前扣除的有（　　）。
   A. 货物管理不善发生的净损失2万元　　B. 缴纳罚金10万元
   C. 直接赞助某学校8万元　　　　　　　D. 缴纳银行罚息6万元

8. 下列关于固定资产计税基础的叙述，正确的有（　　）。
   A. 外购的固定资产，以购买价款和支付的相关税费为计税基础
   B. 盘盈的固定资产，以同类固定资产的重置完全价值为计税基础
   C. 通过捐赠、投资、非货币性资产交换、债务重组等方式取得的固定资产，以该资产的公允价值和支付的相关税费为计税基础
   D. 外购的无形资产，以购买价款和支付的相关税费以及直接归属于使该资产达到预定用途发生的其他支出为计税基础

9. 下列固定资产，不得计提折旧在税前扣除的有（　　）。
   A. 以经营租赁方式租出的固定资产　　B. 以融资租赁方式租出的固定资产
   C. 与经营活动无关的小汽车　　　　　D. 未投入使用的机器设备

10. 《纳税调整项目明细表》中，属于收入类调整项目的有（　　）。
    A. 未按权责发生制原则确认的收入
    B. 按权益法核算长期股权投资对初始投资成本调整确认收益
    C. 与未实现融资收益相关在当期确认的财务费用
    D. 交易性金融资产初始投资调整

11. 根据企业所得税的相关规定，下列选项中需要进行纳税调整的视同销售收入有（　　）。
    A. 非货币性资产交换视同销售收入

B. 用于对外捐赠（赞助）视同销售收入
C. 用于对外投资项目视同销售收入
D. 用于集体福利视同销售收入

12. 未按权责发生制原则确认的收入，是指纳税人会计处理按权责发生制确认的收入与税法规定未按权责发生制确认的收入之间产生税会差异而需纳税调整的金额，该调整项目包括的内容有（   ）。
    A. 跨期收取的租金、利息、特许权使用费收入
    B. 分期确认收入
    C. 公允价值变动净损益
    D. 政府补助递延收入

13. 《纳税调整项目明细表》中，属于扣除类调整项目的有（   ）。
    A. 利息支出   B. 赞助支出
    C. 资产减值准备金   D. 捐赠支出

14. 下列选项中，税法规定了最高扣除限额的项目包括（   ）。
    A. 职工教育经费   B. 业务招待费
    C. 公益性捐赠   D. 广告费及业务宣传费

15. 下列选项中，应在会计利润的基础上调增应纳税所得额的项目有（   ）。
    A. 合理的费用支出   B. 超标准的业务招待费
    C. 公益性捐赠超标准的部分 D. 国债利息收入

16. 计算企业应纳税所得税额时，下列属于纳税调整增加额的有（   ）。
    A. 超标准的广告费   B. 超额提取的折旧
    C. 非公益性捐赠   D. 产品的成本

17. 计算企业应纳税所得税额时，下列属于纳税调整减少额的有（   ）。
    A. 国债利息收入   B. 财政拨款
    C. 处置固定资产收入   D. 产品的成本

18. 企业下列支出，可以在计算企业应纳税所得额时加计扣除的有（   ）。
    A. 企业为开发新技术、新产品、新工艺发生的研究开发费用
    B. 企业安置残疾人员所支付的工资
    C. 购买固定资产支出
    D. 环境保护、节能节水、安全生产等专用设备的投资额

19. 下列选项中，属于企业可以享受的减免优惠范围的有（   ）。
    A. 从事农、林、牧、渔业项目的所得
    B. 从事国家重点扶持的公共基础设施项目的所得
    C. 从事符合条件的环境保护、节能节水项目的所得
    D. 符合条件的技术转让所得

20. 企业从事下列哪些项目的所得，可以减半征收企业所得税？（   ）
    A. 中药材的种植
    B. 花卉、茶以及其他饮料作物和香料作物的种植
    C. 海水养殖、内陆养殖

D. 牲畜、家禽的饲养

21. 关于《中华人民共和国企业所得税法》规定的税收优惠政策，下面说法正确的有（   ）。
    A. 企业从事灌溉、农产品初加工等农、林、牧、渔业项目的所得免征企业所得税
    B. 花卉、茶以及其他饮料作物和香料作物的种植所得减半征收企业所得税
    C. 纳税年度内居民企业转让技术所有权所得不超过500万元的部分，免征企业所得税
    D. 国家需要重点扶持的高新技术企业减按15%的所得税税率征收企业所得税

22. 下列项目可享受"三免三减半"优惠的有（   ）。
    A. 环境保护项目   B. 节能节水项目
    C. 技术转让所得   D. 国家重点扶持的公共基础设施项目

23. 下列选项中，可以享受减免所得税额优惠的企业有（   ）。
    A. 符合条件的小型微利企业
    B. 国家需要重点扶持的高新技术企业
    C. 经济特区和上海浦东新区新设立的高新技术企业
    D. 技术先进型服务企业

24. 符合条件的小型微利企业，其必须符合的条件有（   ）。
    A. 资产总额不超过 3 000 万元
    B. 从业人数不超过 300 人
    C. 年度应纳税所得额不超过 300 万元
    D. 从事国家非限制和禁止的行业

25. 纳税人具有以下哪些情形的，应核定征收企业所得税？（   ）
    A. 依照法律、行政法规的规定可以不设置账簿的
    B. 依照法律、行政法规的规定应当设置但未设置账簿的
    C. 擅自销毁账簿或者拒不提供纳税资料的
    D. 虽设置账簿，但账目混乱或者收入凭证、费用凭证残缺不全、难以查账的

26. 下列选项中，因账面价值与计税基础不一致形成暂时性差异的有（   ）。
    A. 使用寿命不确定的无形资产
    B. 已计提减值准备的固定资产
    C. 已确认公允价值变动损益的交易性金融资产
    D. 因违反税法规定应交未交的滞纳金

27. 下列选项中，能够产生可抵扣暂时性差异的有（   ）。
    A. 期末固定资产的账面价值小于计税基础
    B. 预提产品质量保证费用形成的预计负债
    C. 期末无形资产的账面价值大于计税基础
    D. 期末交易性金融资产的公允价值小于取得时的成本

28. 下列选项中，能够产生应纳税暂时性差异的有（   ）。
    A. 期末固定资产的账面价值大于计税基础
    B. 期末因担保事项确认的预计负债
    C. 计提固定资产减值准备

D. 期末交易性金融资产的公允价值大于取得时的成本

29. 下列选项中，能够影响"递延所得税资产"金额发生变化的有（   ）。
   A. 计提存货跌价准备　　　　　　B. 计提坏账准备
   C. 国债利息收入　　　　　　　　D. 对产品计提的产品质量保证金

30. 下列项目中，属于《职工薪酬支出及纳税调整明细表》填报内容的有（   ）。
   A. 各类基本社会保障性缴款　　　B. 补充养老保险、补充医疗保险
   C. 住房公积金　　　　　　　　　D. 职工教育经费支出

31. 《投资收益纳税调整明细表》中，投资收益涉及的投资项目包括（   ）。
   A. 交易性金融资产　　　　　　　B. 可供出售金融资产
   C. 持有至到期投资　　　　　　　D. 长期股权投资

32. 在《A100000 企业所得税年度纳税申报表（A 类）》中计算"纳税调整后所得"时，应当在"利润总额"基础上扣除的项目有（   ）。
   A. 免税收入　　　　　　　　　　B. 减计收入
   C. 纳税调整减少额　　　　　　　D. 加计扣除

答案 5.1.2

三、正误辨析（本题是对项目五知识点的分析能力、判断能力的单一训练，需要给出每个命题正确或错误的判断）

1. 准予在企业所得税税前扣除的资产损失，包括实际资产损失和法定资产损失。
（   ）

2. 资产损失需要纳税调整时应填报《A105090 资产损失税前扣除及纳税调整明细表》。（   ）

3. 《A105000 纳税调整项目明细表》按照收入、成本和资产三大类设计表格，将所有的税会差异需要调整的事项通过表格的方式进行计算反映。（   ）

4. 政府补助递延收入，属于《A105020 未按权责发生制确认收入纳税调整明细表》的填报内容。（   ）

5. 企业发生的持有期间投资收益，并按税法规定为减免税收入的（如国债利息收入等），应当填报《A105030 投资收益纳税调整明细表》。（   ）

6. 企业根据税法规定确认的交易性金融资产初始投资金额与会计核算的交易性金融资产初始投资账面价值之间产生的税会差异金额，在纳税调整时应予调减处理。（   ）

7. 企业发生的与其生产、经营业务有关的业务招待费支出，按照发生额的 60% 扣除，但最高不得超过当年销售（营业）收入的 5‰。（   ）

8. 企业发生的职工教育经费支出，超过工资薪金总额 8% 的部分，当年不得扣除，准予结转以后纳税年度扣除。（   ）

9. 企业发生的符合条件的广告费和业务宣传费支出，除国务院财政、税务主管部门另有规定外，不超过当年销售（营业）收入 15% 的部分，准予扣除；超过的部分，准予结转以后纳税年度扣除。（   ）

10. 因确认预计负债而计入当期损益的费用支出，需要跨期纳税调整，填报《A105000 纳税调整项目明细表》中的"跨期扣除项目"。（   ）

11. 纳税人会计核算时计入当期损益的资产折旧、摊销金额，大于按照税法规定允许

税前扣除的资产折旧、摊销金额，其差额应做纳税调减处理。（   ）

12. 符合条件的居民企业之间的股息、红利等权益性投资收益，是指居民企业直接投资于其他居民企业取得的权益性投资收益，包括连续持有居民企业公开发行并上市流通的股票不足 12 个月取得的投资收益。（   ）

13. 企业安置残疾人员的，在按照支付给残疾职工工资据实扣除的基础上，再按照支付给残疾职工工资的 50% 加计扣除。（   ）

14. 负债的计税基础，是指负债的账面价值减去未来期间计算应纳税所得额时按照税法规定可予抵扣的金额。（   ）

15. 年度《利润表》中的"所得税费用"由两部分组成，即当期所得税和递延所得税。（   ）

16. 2018 年，某企业开展的研发活动中实际发生的研发费用未形成无形资产计入当期损益的，在按相关规定据实扣除的基础上，再按照实际发生额的 50% 在税前加计扣除。（   ）

17. 企业享受企业所得税优惠事项采取"自行判别、申报享受、相关资料留存备查"的办理方式，留存备查资料应保留 15 年。（   ）

答案 5.1.3

四、业务解析

业务（一）

1. 业务资料

山东昌宏经贸有限公司为居民企业纳税人，2018 年度有关业务资料如下。

① 销售收入 1 150 万元，投资收益 100 万元（系从居民企业分回）。

② 销售成本为 600 万元。

③ 管理费用 200 万元，其中，新产品的研发费 100 万元，业务招待费 55 万元。

④ 销售费用 300 万元，均为广告和业务宣传费支出。

⑤ 财务费用 98 万元，其中，向商业银行贷款 1 200 万元，年利息支出 60 万元；向另一公司借款 500 万元，年利息支出 38 万元。

⑥ 营业外收入 90 万元，其中，接受货币捐赠收入 30 万元，接受其他企业捐赠材料已取得增值税专用发票，发票上注明价税合计 50 万元，按权益法核算长期股权投资对初始投资成本调整确认收益 10 万元。

⑦ 营业外支出 32 万元，其中，被工商行政管理部门罚款 7 万元，通过公益性社会团体向灾区捐款 25 万元。

⑧ "应付职工薪酬"科目借方发生额中有已计入销售成本的为残疾职工支付的工资 12 万元。

⑨ 交易性金融资产公允价值上升，"公允价值变动损益"科目贷方登记 5 万元。

⑩ 当年用于节能节水专用设备投资 20 万元。

⑪ 经税务机关核定，上一年度未弥补的亏损为 8 万元，本年四个季度实际已预缴企业所得税 28.334 5 万元。

除以上业务资料外，无其他纳税调整事项。

2. 工作要求

根据上述业务资料，完成山东昌宏经贸有限公司下列指标的计算。
（1）2018年会计利润总额。
（2）纳税调整增加额。
（3）纳税调整减少额。
（4）免税、减计收入及加计扣除合计金额。
（5）纳税调整后所得。
（6）年度应纳税所得额。
（7）全年应纳所得税额。
（8）2018年汇算清缴时，应补（退）的所得税额。

业务（二）

1. 业务资料

山东凯利陶瓷有限公司为居民企业纳税人，适用的企业所得税税率为25%，企业所得税按季度预缴，年终汇算清缴。2018年第一季度至第四季度计提所得税费用602 000元，实际预缴所得税602 000元。该公司不存在以前年度未弥补亏损。

汇算清缴之前，会计人员发现如下纳税调整事项。
（1）年度《利润表》中有关项目的明细资料。
① 全年利润总额3 410 000元，营业收入为100 420 000元。
② "销售费用"项目中，包括广告费和业务宣传费支出1 720 000元。广告费和业务宣传费存在以前年度结转扣除额850 000元。
③ "管理费用"项目中，包括业务招待费820 000元，新技术的研究开发费400 000元。
④ "公允价值变动收益"项目为100 000元，全部为交易性金融资产的公允价值变动收益。
⑤ "资产减值损失"项目为160 000元，包括坏账准备80 000元和无形资产减值准备80 000元。
⑥ "投资收益"项目中，有20 000元为直接投资于其他居民企业的收益。
⑦ "营业外支出"项目中，包括与未决诉讼有关的义务满足预计负债确认条件而计入当年损益的支出100 000元。

（2）年度《资产负债表》中有关项目的明细资料。
① "应收账款"科目年末余额为1 850 000元。"坏账准备"科目年初余额为140 000元，年末余额为220 000元。本年未发生坏账损失。
② "交易性金融资产——成本"科目余额为1 200 000元（等于计税基础），"交易性金融资产——公允价值变动"科目年初借方余额为100 000元、年末借方余额为200 000元。
③ 该公司一项专利权的初始入账成本为2 000 000元，于2018年1月购入。会计处理采取直线法摊销，摊销年限为10年，残值为0，与税法规定相同。2018年年末，经减值测试，计提减值准备80 000元。除此之外，其他非流动资产的会计处理与税法规定一致，不存在税会差异。

④"无形资产减值准备"科目无年初余额,年末余额为80 000元。

⑤"预计负债"科目年末余额为100 000元,年初无余额。

⑥"递延所得税负债"科目年初余额为25 000元(上年末,交易性金融资产产生应纳税暂时性差异确认的递延所得税负债)。

⑦"递延所得税资产"科目年初余额为247 500元(上年末,应收账款产生可抵扣暂时性差异确认的递延所得税资产为35 000元,可结转抵扣的广告费和业务宣传费产生的可抵扣暂时性差异确认的递延所得税资产为212 500元)。

2. 工作要求

根据上述业务资料,完成山东凯利陶瓷有限公司下列会计处理。

(1) 计算纳税调整增加额、纳税调整减少额和免税、减计收入及加计扣除金额。
(2) 计算纳税调整后所得、年度应纳税所得额。
(3) 计算全年应纳所得税额、汇算清缴时应补(退)的所得税额。
(4) 计算资产、负债项目在资产负债日的暂时性差异,以及对递延所得税的影响。
(5) 计算递延所得税资产和递延所得税负债的本年发生额、应确认的所得税费用。
(6) 编制应补所得税、递延所得税、所得税费用,以及实际补缴的会计分录。
(7) 计算2018年度《利润表》中的净利润。

业务(三)

1. 业务资料

山东省潍坊市白云餐饮有限公司2018年资产总额为1 000万元,员工人数为80人,当年实现收入总额4 150 000元,其中,国债投资收益为150 000元,发生各项成本费用支出3 980 000元。经当地主管税务机关核查,成本费用支出无法准确核算,因此对该企业采取核定应税所得率征收方式计税。税务机关核定该企业的应税所得率为20%。该公司第一至第四季度已预缴所得税76 000元。

2. 工作要求

根据上述业务资料,完成白云餐饮有限公司下列数据的计算。

(1) 计算2018年应纳税所得额。
(2) 计算2018年应纳所得税额。
(3) 计算2018年可享受的减免所得税额。
(4) 计算2018年汇算清缴时,应补(退)的所得税额。

答案5.1.4

第二部分 职业实践能力训练

一、企业基础信息

企 业 名 称:山东长兴纸业股份有限公司(以下简称"长兴公司")
企 业 类 型:股份有限公司
注 册 资 本:8 000万元人民币
开 户 银 行:中国建设银行潍坊市青年路支行

账　　　号：3700401612273040003

税务登记号：913707041600530289

成立时间：2009年3月15日

联系电话：0536-26010××

公司地址：山东省潍坊市青年路2345号

经营范围：各种工业纸张、生活用纸等

法定代表人：李向峰

总　经　理：汪天宇

财务经理：王晓岚

会计主管：张湘云

出　　　纳：靳来丽

办　税　员：陆晓林

二、能力目标

1. 能够规范、完整地填制原始凭证《计提应交所得税计算表》，准确计算当期预缴所得税额。

2. 能够规范、完整地填制原始凭证《年度应交所得税计算表》，准确计算年度应补缴所得税额。

3. 能够规范、完整地填制原始凭证《年度递延所得税与所得税费用计算表》，准确计算当年递延所得税、所得税费用。

4. 能够准确、完整地填写《中华人民共和国企业所得税月（季）度预缴纳税申报表（A类，2018年版）》《中华人民共和国企业所得税年度纳税申报表（A类，2017年版）》及其附表。

5. 能够及时、无误地办理企业所得税的季度预缴、年终汇算清缴等纳税申报和税款缴纳工作。

6. 能够根据《计提应交所得税计算表》《年度应交所得税计算表》《年度递延所得税与所得税费用计算表》以及企业所得税"电子缴税付款凭证"等原始凭证，运用正确的会计科目，准确完成相关账务处理。

三、实训要求

1. 长兴公司10月份、11月份的《计提应交所得税计算表》分别见表5-1、表5-2，根据"五、实训资料"，填制12月份的《计提应交所得税计算表》（表5-3），编制12月份计提所得税的记账凭证。

2. 根据"五、实训资料"，填制长兴公司第四季度的《中华人民共和国企业所得税月（季）度预缴纳税申报表（A类，2018年版）》（表5-4）、附表《A201010免税收入、减计收入、所得减免等优惠明细表》（表5-5），填表日期为2019年1月12日。

3. 长兴公司通过电子银行将第四季度的预缴所得税款划转国库，取得"电子缴税付款凭证"（凭证5-1），编制预缴企业所得税的记账凭证。

4. 根据"五、实训资料"，逐项分析纳税调整项目及其金额，并计算2018年度应纳税所得额。

5. 根据"实训要求（4）"的分析计算结果，填制 2018 年《年度应交所得税计算表》（表 5-6）。

6. 根据"五、实训资料"，逐项分析资产、负债存在的暂时性差异以及与其相关的递延所得税，并计算"递延所得税资产"科目的发生额、"递延所得税负债"科目的发生额、应确认的所得税费用。

7. 根据"实训要求（6）"的分析计算结果，填制《年度递延所得税与所得税费用计算表》（表 5-7），并以"表 5-6""表 5-7"为依据编制记账凭证。

8. 填制《中华人民共和国企业所得税年度纳税申报表（A 类，2017 年版）》及其附表。

第一步：填制《A000000 企业基础信息表》（略）、《企业所得税年度纳税申报表填报表单》（表 5-8）、《中华人民共和国企业所得税年度纳税申报表》封面（表 5-9）。

第二步：填制《A101010 一般企业收入明细表》（表 5-10）、《A102010 一般企业成本支出明细表》（表 5-11）和《A104000 期间费用明细表》（表 5-12）。

第三步：填制《A105010 视同销售和房地产开发企业特定业务纳税调整明细表》（表 5-13）、《A105050 职工薪酬支出及纳税调整明细表》（表 5-14）、《A105060 广告费和业务宣传费跨年度纳税调整明细表》（表 5-15）、《A105070 捐赠支出及纳税调整明细表》（表 5-16）、《A105080 资产折旧、摊销及纳税调整明细表》（表 5-17）、《A105000 纳税调整项目明细表》（表 5-18）。

第四步：填制《A107011 符合条件的居民企业之间的股息、红利等权益性投资收益优惠明细表》（表 5-19）、《A107014 研发费用加计扣除优惠明细表》（表 5-20）、《A107010 免税、减计收入及加计扣除优惠明细表》（表 5-21）。

第五步：填制《A107050 税额抵免优惠明细表》（表 5-22）。

第六步：填制《A100000 企业所得税年度纳税申报表（A 类，2017 年版）》（表 5-23）。

《中华人民共和国企业所得税年度纳税申报表（A 类，2017 年版）》及其附表的填制工作于 2019 年 3 月 31 日完成。

9. 长兴公司于 2019 年 4 月 8 日通过电子银行将补缴的企业所得税款划转国库，取得"电子缴税付款凭证"（凭证 5-2），完成所得税汇算清缴工作，编制补缴所得税的记账凭证。

10. 补填《利润表》（表 5-24）中第四季度的所得税费用和净利润、全年的所得税费用和净利润。

四、实训耗材

记账凭证 2 张，《计提应交所得税计算表》1 张，《中华人民共和国企业所得税月（季）度预缴纳税申报表（A 类，2018 年版）》1 张，《A201010 免税收入、减计收入、所得减免等优惠明细表》1 张，《年度应交所得税计算表》1 张，《年度递延所得税与所得税费用计算表》1 张，《A101010 一般企业收入明细表》1 张，《A102010 一般企业成本支出明细表》1 张，《A104000 期间费用明细表》1 张，《A105010 视同销售和房地产开发企业特定业务纳税调整明细表》1 张，《A105050 职工薪酬支出及纳税调整明细表》1 张，《A105060 广告费和业务宣传费跨年度纳税调整明细表》1 张，《A105070 捐赠支出及纳税调整明细表》1 张,《A105080 资产折旧、摊销及纳税调整明细表》1 张,《A105000 纳税调整项目明细表》1 张,《A107011 符合条件的居民企业之间的股息、红利等权益性投资收益优惠明细表》1 张,《A107014 研发费用加计扣除优惠明细表》1 张,《A107010 免税、减计收入及加计扣除优惠明细表》1 张,《A107050 税额抵免优惠明细表》1 张,《A100000 企业所得税年度纳税申报表(A 类,2017 年版)》1 张,《A000000 企业基础信息表》1 张,《企业所得税年度纳税申报表填报表单》1 张,《中华人民共和国企业所得税年度纳税申报表》封面 1 张。

五、实训资料

(一)《利润表》数据

长兴公司为企业纳税人,适用的企业所得税税率为 25%,企业所得税依据当期实际利润额按月计提、按季度预缴的办法,年终汇算清缴。长兴公司不存在以前年度未弥补亏损。

2018 年四个季度及全年的《利润表》如表 5-19 所示。

第一至第三季度,分别计提并已预缴企业所得税 82 750 元、126 250 元、260 250 元。第四季度的利润总额中包括 10 月份利润 414 000 元、11 月份利润 309 000 元、12 月份利润 1 251 000 元。

(二) 年度《利润表》项目的明细资料

1. "营业收入"项目 86 326 000 元,其中:主营业务收入 84 346 000 元,含销售货物收入 83 006 000 元、提供劳务收入 1 340 000 元;其他业务收入 1 980 000 元,含材料销售收入 1 020 000 元、包装物出租收入 960 000 元。第四季度的营业收入 20 720 000 元。

2. "营业成本"项目 63 100 000 元,其中:主营业务成本 61 410 000 元,含销售货物成本 60 198 000 元、提供劳务成本 1 212 000 元;其他业务成本 1 690 000 元,含材料销售成本 890 000 元、包装物出租成本 800 000 元。第四季度的营业成本 15 705 000 元。

3. "销售费用"项目 13 650 000 元,包括广告费和业务宣传费 12 721 500 元、提供售后服务将发生的支出满足预计负债确认条件而计入当年销售费用的预计负债 70 000 元、职工薪酬 590 000 元、资产折旧摊销费 60 500 元、办公费 40 000 元、差旅费 168 000 元。广告费和业务宣传费不存在以前年度累计结转扣除额。本年未发生售后服务费用支出。

4. "管理费用"项目 1 520 000 元,包括业务招待费 824 050 元、职工薪酬 425 950 元(含为职工缴纳的商业保险费 205 000 元)、本年投入开发 FE 新产品的研究开发费 200 000 元、资产折旧摊销费 50 000 元、办公费 20 000 元。

5. "财务费用"项目 480 000 元,包括长兴公司向关联企业借款的利息支出 302 500 元,该项借款发生于 2018 年 1 月 1 日,借款金额 2 750 000 元,银行同期同类贷款利率为 7%。

6. "资产减值损失"项目 400 000 元。

7. "公允价值变动收益"项目 430 000 元,全部为交易性金融资产的公允价值变动收益。

8. "投资收益"项目 920 000 元,包括:①2017 年向山东兴泰实业有限公司直接投资 200 万元,投资比例 30%,12 月份收到被投资企业利润分配中归属本公司的权益性投资收益 700 000 元;②12 月份收到投资国债的利息收益 220 000 元。

9. "资产处置收益"项目 104 000 元,包括出售固定资产净收益 44 000 元、出售无形资产收益 60 000 元。

10. "营业外收入"项目 90 000 元，为接受捐赠收入。

11. "营业外支出"项目 554 000 元，包括以自产产品对关联企业赞助支出 220 000 元、被环保部门罚款 30 000 元、直接向当地潍坊市向阳希望小学现金捐赠支出 300 000 元、固定资产报废净损失 4 000 元。

12. 在成本费用中列支的工资与"三项经费"为：全年实发工资总额 3 325 000 元（含安置残疾职工支付的工资 50 000 元），职工福利费 465 500 元，职工教育经费 83 125 元，工会经费 66 500 元。在成本费用中列支的工资和"三项经费"金额与实际发生额一致。

（三）年度《资产负债表》项目的明细资料

1. 2017 年 1 月，长兴公司购入的一项非专利技术，初始入账成本 1 000 000 元，被公司认定为使用寿命不确定的无形资产。2018 年年末，经减值测试，计提了 85 000 元的无形资产减值准备。按税法规定，无形资产采取直线法摊销，摊销年限为 10 年，残值为 0。除此之外，其他无形资产的摊销额与按税法规定计算的摊销额没有差异，并且未计提减值准备。

2. 2018 年 4 月，长兴公司从国内购入并实际使用符合《节能节水专用设备企业所得税优惠目录》规定的节能节水专用设备 1 台，增值税专用发票注明价款 500 000 元、税额 85 000 元。该公司采用直线法按 8 年计提折旧，净残值率 4%（经税务机关认可）。税法规定，该设备按照 5 年、采用直线法计提折旧。除此之外，企业其他固定资产的折旧费与按税法规定计算的折旧费没有差异。所有固定资产均未计提减值准备。

3. 应收账款的年末账面价值为 1 600 000 元，其账面余额为 1 750 000 元，计提坏账准备 100 000 元。

4. 存货的年末账面价值为 5 280 000 元，其账面余额为 5 460 000 元，计提存货跌价准备 120 000 元。

5. 交易性金融资产的年末账面价值为 2 670 000 元，年初账面价值为 2 240 000 元，差额 430 000 元为公允价值变动，其取得的成本为 2 100 000 元。

6. 长期股权投资的年末账面价值为 1 905 000 元，其账面余额为 2 000 000 元，计提长期股权投资减值准备为 95 000 元。

7. 预计负债的年末账面价值为 70 000 元，年初无余额。

（四）有关科目余额资料

1. "坏账准备"科目年初余额 50 000 元，年末余额 150 000 元。

2. "存货跌价准备"科目年初余额 60 000 元，年末余额 180 000 元。

3. "交易性金融资产——公允价值变动"科目年初余额 140 000 元，年末余额 570 000 元，差额 430 000 元为当年交易性金融资产的公允价值变动，"交易性金融资产——成本"科目年初、年末余额均为 2 100 000 元。

4. "无形资产减值准备"科目无年初余额，年末余额 85 000 元。

5. "长期股权投资减值准备"科目无年初余额，年末余额 95 000 元。

6. "预计负债"科目无年初余额，年末余额 70 000 元。

7. "递延所得税负债"科目年初余额 60 000 元。

8. "递延所得税资产"科目年初余额 27 500 元。

（五）原始凭证与申报表

表5-1　计提应交所得税计算表

2018年10月　　　　　　　　　　　　　　　　　　　金额单位：元

累计利润总额1	适用税率2	计提所得税 3＝1×2	累计已计提的所得税4	当月应计提所得税 5＝3－4	当季累计计提的所得税6
2 291 000	25%	572 750	469 250	103 500	103 500

会计主管：张湘云　　　　　　　　　　　　　　　　　　　制单：陆晓林

表5-2　计提应交所得税计算表

2018年11月　　　　　　　　　　　　　　　　　　　金额单位：元

累计利润总额1	适用税率2	计提所得税 3＝1×2	累计已计提的所得税4	当月应计提所得税 5＝3－4	当季累计计提的所得税6
2 600 000	25%	650 000	572 750	77 250	180 750

会计主管：张湘云　　　　　　　　　　　　　　　　　　　制单：陆晓林

表5-3　计提应交所得税计算表

2018年12月　　　　　　　　　　　　　　　　　　　金额单位：元

累计利润总额1	适用税率2	计提所得税 3＝1×2	累计已计提的所得税4	当月应计提所得税 5＝3－4	当季累计计提的所得税6

会计主管：张湘云　　　　　　　　　　　　　　　　　　　制单：陆晓林

表5-4　中华人民共和国企业所得税月（季）度预缴纳税申报表（A类，2018版）

税款所属期间：　　　年　　月　　日至　　年　　月　　日

纳税人识别号（统一社会信用代码）：☐☐☐☐☐☐☐☐☐☐☐☐☐☐☐☐☐☐

纳税人名称：　　　　　　　　　　　　　　　　　　金额单位：元（列至角分）

预缴方式	☐按照实际利润额预缴　☐按照上一纳税年度应纳税所得额平均额预缴 ☐按照税务机关确定的其他方法预缴
企业类型	☐一般企业　☐跨地区经营汇总纳税企业总机构 ☐跨地区经营汇总纳税企业分支机构

预缴税款计算			
行次	项目		本年累计金额
1	营业收入		
2	营业成本		
3	利润总额		
4	加：特定业务计算的应纳税所得额		
5	减：不征税收入		

续表

6	减：免税收入、减计收入、所得减免等优惠金额（填写 A201010）	
7	减：固定资产加速折旧（扣除）调减额（填写 A201020）	
8	减：弥补以前年度亏损	
9	实际利润额（3＋4－5－6－7－8）/按照上一纳税年度应纳税所得额平均额确定的应纳税所得额	
10	税率（25%）	
11	应纳所得税额（9×10）	
12	减：减免所得税额（填写 A201030）	
13	减：实际已缴纳所得税额	
14	减：特定业务预缴（征）所得税额	
15	本期应补（退）所得税额（11－12－13－14）/税务机关确定的本期应纳所得税额	

汇总纳税企业总分机构税款计算			
16	总机构填报	总机构本期分摊应补（退）所得税额（17＋18＋19）	
17		其中：总机构分摊应补（退）所得税额（15×总机构分摊比例____%）	
18		财政集中分配应补（退）所得税额（15×财政集中分配比例____%）	
19		总机构具有主体生产经营职能的部门分摊所得税额（15×全部分支机构分摊比例____%×总机构具有主体生产经营职能部门分摊比例____%）	
20	分支机构填报	分支机构本期分摊比例	
21		分支机构本期分摊应补（退）所得税额	

附报信息			
小型微利企业	□是　□否	科技型中小企业	□是　□否
高新技术企业	□是　□否	技术入股递延纳税事项	□是　□否
期末从业人数	＿＿＿＿＿人		

谨声明：此纳税申报表是根据《中华人民共和国企业所得税法》《中华人民共和国企业所得税法实施条例》以及有关税收政策和国家统一会计制度的规定填报的，是真实的、可靠的、完整的。

法定代表人（签章）：　　　　　年　　月　　日

纳税人公章： 会计主管： 填表日期：　年　月　日	代理申报中介机构公章： 经办人： 经办人执业证件号码： 代理申报日期：　年　月　日	主管税务机关受理专用章： 受理人： 受理日期：　年　月　日

国家税务总局监制

表 5-5　A201010 免税收入、减计收入、所得减免等优惠明细表

金额单位：元

行次	项目	本年累计金额
1	一、免税收入（2+3+8+9+…+15）	
2	（一）国债利息收入免征企业所得税	
3	（二）符合条件的居民企业之间的股息、红利等权益性投资收益免征企业所得税	
4	其中：内地居民企业通过沪港通投资且连续持有 H 股满 12 个月取得的股息红利所得免征企业所得税	
5	内地居民企业通过深港通投资且连续持有 H 股满 12 个月取得的股息红利所得免征企业所得税	
6	居民企业持有创新企业 CDR 取得的股息红利所得免征企业所得税	
7	符合条件的居民企业之间属于股息、红利性质的永续债利息收入免征企业所得税	
8	（三）符合条件的非营利组织的收入免征企业所得税	
9	（四）中国清洁发展机制基金取得的收入免征企业所得税	
10	（五）投资者从证券投资基金分配中取得的收入免征企业所得税	
11	（六）取得的地方政府债券利息收入免征企业所得税	
12	（七）中国保险保障基金有限责任公司取得的保险保障基金等收入免征企业所得税	
13	（八）中国奥委会取得北京冬奥组委支付的收入免征企业所得税	
14	（九）中国残奥委会取得北京冬奥组委分期支付的收入免征企业所得税	
15	（十）其他	
16	二、减计收入（17+18+22+23）	
17	（一）综合利用资源生产产品取得的收入在计算应纳税所得额时减计收入	
18	（二）金融、保险等机构取得的涉农利息、保费减计收入（19+20+21）	
19	1. 金融机构取得的涉农贷款利息收入在计算应纳税所得额时减计收入	
20	2. 保险机构取得的涉农保费收入在计算应纳税所得额时减计收入	
21	3. 小额贷款公司取得的农户小额贷款利息收入在计算应纳税所得额时减计收入	
22	（三）取得铁路债券利息收入减半征收企业所得税	
23	（四）其他（23.1+23.2）	
23.1	1. 取得的社区家庭服务收入在计算应纳税所得额时减计收入	
23.2	2. 其他	

续表

行次	项目	本年累计金额
24	三、加计扣除（25＋26＋27＋28）	*
25	（一）开发新技术、新产品、新工艺发生的研究开发费用加计扣除	*
26	（二）科技型中小企业开发新技术、新产品、新工艺发生的研究开发费用加计扣除	*
27	（三）企业为获得创新性、创意性、突破性的产品进行创意设计活动而发生的相关费用加计扣除	*
28	（四）安置残疾人员所支付的工资加计扣除	*
29	四、所得减免（30＋33＋34＋35＋36＋37＋38＋39＋40）	
30	（一）从事农、林、牧、渔业项目的所得减免征收企业所得税（31＋32）	
31	1. 免税项目	
32	2. 减半征收项目	
33	（二）从事国家重点扶持的公共基础设施项目投资经营的所得定期减免企业所得税	
33.1	其中：从事农村饮水安全工程新建项目投资经营的所得定期减免企业所得税	
34	（三）从事符合条件的环境保护、节能节水项目的所得定期减免企业所得税	
35	（四）符合条件的技术转让所得减免征收企业所得税	
36	（五）实施清洁机制发展项目的所得定期减免企业所得税	
37	（六）符合条件的节能服务公司实施合同能源管理项目的所得定期减免企业所得税	
38	（七）线宽小于130纳米的集成电路生产项目的所得减免企业所得税	
39	（八）线宽小于65纳米或投资额超过150亿元的集成电路生产项目的所得减免企业所得税	
40	（九）其他	
41	合计（1＋16＋24＋29）	

凭证 5-1

中国建设银行电子缴税付款凭证

转账日期：2019 年 1 月 13 日　　　　　　　　　　　　凭证字号：20190113202831631

纳税人全称及纳税人识别号：	山东长兴纸业股份有限公司 913707041600530289		
付款人全称：	山东长兴纸业股份有限公司		
付款人账号：	3700401612273040003	征收机关名称： 中国建设银行潍坊市支行	国家税务总局潍坊市潍城区税务局南关分局
付款人开户银行：	中国建设银行潍坊市青年路支行	收款国库名称： 2019-01-13 转	国家金库西城区支库
小写（金额）合计：	¥263 500.00	缴款书交易流水号：	2019011302151424
大写（金额）合计：	人民币贰拾壹万玖仟元整	税票号码：	320190113032246128
税（费）种名称	所属时期		实缴金额
企业所得税	20181001—20181231		¥263 500.00

表 5-6　年度应交所得税计算表

2018 年　　　　　　　　　　　　　　　　　　　　　金额单位：元

行次	项目	金额
1	利润总额	
2	加：纳税调增项目金额（3＋4＋5＋6＋7＋8＋9＋10＋11）	
3	其中：跨期扣除项目（预计负债）	
4	业务招待费支出	
5	利息支出	
6	资产减值准备金	
7	捐赠支出	
8	罚金、罚款和被没收财物的损失	
9	赞助支出	
10	视同销售收入	
11	职工薪酬	
12	减：纳税调减项目的金额（13＋14＋15）	
13	其中：视同销售成本	
14	公允价值变动收益	
15	资产折旧、摊销	
16	减：免税、减计收入及加计扣除（17＋18＋19＋20）	
17	其中：国债利息收入	
18	符合条件的居民企业之间的股息、红利等权益性投资收益	
19	研发费用加计扣除	

续表

行次	项目	金额
20	支付残疾人员工资加计扣除	
21	应纳税所得额（1＋2－12－16）	
22	税率	
23	应纳所得税额（21×22）	
24	减：减免所得税额	
25	减：抵免所得税额	
26	应纳税额（23－24－25）	
27	减：1~4季度累计实际已预缴的所得税额	
28	本年汇算清缴应补（退）的所得税额（26－27）	

会计主管： 制单：

表5-7 年度递延所得税与所得税费用计算表

2018年 金额单位：元

项目	账面价值	计税基础	暂时性差异		递延所得税负债年末数	递延所得税资产年末数
			应纳税差异	可抵扣差异		
无形资产						
固定资产						
应收账款						
预计负债						
交易性金融资产						
存货						
长期股权投资						
广告费和业务宣传费						
合计	—	—				

应补交所得税额（a）	递延所得税负债		递延所得税资产		所得税费用 (f=a+b-c-d+e)
	年末数（b）	年初数（c）	年末数（d）	年初数（e）	

会计主管： 制单：

表5-8 企业所得税年度纳税申报表填报表单

表单编号	表单名称	是否填报
A000000	企业所得税年度纳税申报基础信息表	√
A100000	中华人民共和国企业所得税年度纳税申报表（A类）	√
A101010	一般企业收入明细表	☐
A101020	金融企业收入明细表	☐
A102010	一般企业成本支出明细表	☐
A102020	金融企业支出明细表	☐
A103000	事业单位、民间非营利组织收入、支出明细表	☐
A104000	期间费用明细表	☐
A105000	纳税调整项目明细表	☐
A105010	视同销售和房地产开发企业特定业务纳税调整明细表	☐
A105020	未按权责发生制确认收入纳税调整明细表	☐
A105030	投资收益纳税调整明细表	☐
A105040	专项用途财政性资金纳税调整明细表	☐
A105050	职工薪酬支出及纳税调整明细表	☐
A105060	广告费和业务宣传费跨年度纳税调整明细表	☐
A105070	捐赠支出及纳税调整明细表	☐
A105080	资产折旧、摊销及纳税调整明细表	☐
A105090	资产损失税前扣除及纳税调整明细表	☐
A105100	企业重组及递延纳税事项纳税调整明细表	☐
A105110	政策性搬迁纳税调整明细表	☐
A105120	特殊行业准备金及纳税调整明细表	☐
A106000	企业所得税弥补亏损明细表	☐
A107010	免税、减计收入及加计扣除优惠明细表	☐
A107011	符合条件的居民企业之间的股息、红利等权益性投资收益优惠明细表	☐
A107012	研发费用加计扣除优惠明细表	☐
A107020	所得减免优惠明细表	☐
A107030	抵扣应纳税所得额明细表	☐
A107040	减免所得税优惠明细表	☐
A107041	高新技术企业优惠情况及明细表	☐
A107042	软件、集成电路企业优惠情况及明细表	☐

续表

表单编号	表单名称	是否填报
A107050	税额抵免优惠明细表	☐
A108000	境外所得税收抵免明细表	☐
A108010	境外所得纳税调整后所得明细表	☐
A108020	境外分支机构弥补亏损明细表	☐
A108030	跨年度结转抵免境外所得税明细表	☐
A109000	跨地区经营汇总纳税企业年度分摊企业所得税明细表	☐
A109010	企业所得税汇总纳税分支机构所得税分配表	☐
说明：企业应当根据实际情况选择需要填报的表单。		

表 5-9　中华人民共和国企业所得税年度纳税申报表（封面）

（A 类，2017 年版）

税款所属期间：　　年　　月　　日至　　年　　月　　日

纳税人识别号
（统一社会信用代码）：☐☐☐☐☐☐☐☐☐☐☐☐☐☐☐☐☐☐

纳税人名称：

金额单位：人民币元（列至角分）

谨声明：本纳税申报表是根据国家税收法律法规及相关规定填报的，是真实的、可靠的、完整的。

纳税人（签章）：　　　　　　　年　　月　　日

经办人：	受理人：
经办人身份证号：	受理税务机关（章）：
代理机构签章：	受理日期：　年　月　日

国家税务总局监制

表 5-10　A101010 一般企业收入明细表

金额单位：元

行次	项目	金额
1	一、营业收入（2+9）	
2	（一）主营业务收入（3+5+6+7+8）	
3	1. 销售商品收入	
4	其中：非货币性资产交换收入	
5	2. 提供劳务收入	
6	3. 建造合同收入	
7	4. 让渡资产使用权收入	
8	5. 其他	
9	（二）其他业务收入（10+12+13+14+15）	
10	1. 销售材料收入	
11	其中：非货币性资产交换收入	
12	2. 出租固定资产收入	
13	3. 出租无形资产收入	
14	4. 出租包装物和商品收入	
15	5. 其他	
16	二、营业外收入（17+18+19+20+21+22+23+24+25+26）	
17	（一）非流动资产处置利得	
18	（二）非货币性资产交换利得	
19	（三）债务重组利得	
20	（四）政府补助利得	
21	（五）盘盈利得	
22	（六）捐赠利得	
23	（七）罚没利得	
24	（八）确实无法偿付的应付款项	
25	（九）汇兑收益	
26	（十）其他	

表 5-11　A102010 一般企业成本支出明细表

金额单位：元

行次	项目	金额
1	一、营业成本（2+9）	
2	（一）主营业务成本（3+5+6+7+8）	
3	1. 销售商品成本	
4	其中：非货币性资产交换成本	
5	2. 提供劳务成本	
6	3. 建造合同成本	
7	4. 让渡资产使用权成本	
8	5. 其他	
9	（二）其他业务成本（10+12+13+14+15）	
10	1. 材料销售成本	
11	其中：非货币性资产交换成本	
12	2. 出租固定资产成本	
13	3. 出租无形资产成本	
14	4. 包装物出租成本	
15	5. 其他	
16	二、营业外支出（17+18+19+20+21+22+23+24+25+26）	
17	（一）非流动资产处置损失	
18	（二）非货币性资产交换损失	
19	（三）债务重组损失	
20	（四）非常损失	
21	（五）捐赠支出	
22	（六）赞助支出	
23	（七）罚没支出	
24	（八）坏账损失	
25	（九）无法收回的债券股权投资损失	
26	（十）其他	

表 5-12　A104000 期间费用明细表

金额单位：元

行次	项目	销售费用	其中：境外支付	管理费用	其中：境外支付	财务费用	其中：境外支付
		1	2	3	4	5	6
1	一、职工薪酬		*		*	*	*
2	二、劳务费					*	*
3	三、咨询顾问费					*	*
4	四、业务招待费		*		*	*	*
5	五、广告费和业务宣传费		*		*	*	*
6	六、佣金和手续费						
7	七、资产折旧摊销费		*		*	*	*
8	八、财产损耗、盘亏及毁损损失		*		*	*	*
9	九、办公费		*		*	*	*
10	十、董事会费		*		*	*	*
11	十一、租赁费					*	*
12	十二、诉讼费		*		*	*	*
13	十三、差旅费		*		*	*	*
14	十四、保险费		*		*	*	*
15	十五、运输、仓储费					*	*
16	十六、修理费					*	*
17	十七、包装费		*		*	*	*
18	十八、技术转让费					*	*
19	十九、研究费用					*	*
20	二十、各项税费		*		*		*
21	二十一、利息收支	*	*	*	*		
22	二十二、汇兑差额	*	*	*	*		
23	二十三、现金折扣	*	*	*	*		*
24	二十四、党组织工作经费	*	*		*	*	*
25	二十五、其他						
26	合计（1+2+3+…25）						

表 5-13　A105010 视同销售和房地产开发企业特定业务纳税调整明细表

金额单位：元

行次	项目	税收金额	纳税调整金额
		1	2
1	一、视同销售（营业）收入（2＋3＋4＋5＋6＋7＋8＋9＋10）		
2	（一）非货币性资产交换视同销售收入		
3	（二）用于市场推广或销售视同销售收入		
4	（三）用于交际应酬视同销售收入		
5	（四）用于职工奖励或福利视同销售收入		
6	（五）用于股息分配视同销售收入		
7	（六）用于对外捐赠视同销售收入		
8	（七）用于对外投资项目视同销售收入		
9	（八）提供劳务视同销售收入		
10	（九）其他		
11	二、视同销售（营业）成本（12＋13＋14＋15＋16＋17＋18＋19＋20）		
12	（一）非货币性资产交换视同销售成本		
13	（二）用于市场推广或销售视同销售成本		
14	（三）用于交际应酬视同销售成本		
15	（四）用于职工奖励或福利视同销售成本		
16	（五）用于股息分配视同销售成本		
17	（六）用于对外捐赠视同销售成本		
18	（七）用于对外投资项目视同销售成本		
19	（八）提供劳务视同销售成本		
20	（九）其他		
21	三、房地产开发企业特定业务计算的纳税调整额（22－26）		
22	（一）房地产企业销售未完工开发产品特定业务计算的纳税调整额（24－25）		
23	1. 销售未完工产品的收入		*
24	2. 销售未完工产品预计毛利额		
25	3. 实际发生的税金及附加、土地增值税		
26	（二）房地产企业销售的未完工产品转完工产品特定业务计算的纳税调整额（28－29）		
27	1. 销售未完工产品转完工产品确认的销售收入		*
28	2. 转回的销售未完工产品预计毛利额		
29	3. 转回实际发生的税金及附加、土地增值税		

表 5-14　A105050 职工薪酬支出及纳税调整明细表

金额单位：元

行次	项目	账载金额	实际发生额	税收规定扣除率	以前年度累计结转扣除额	税收金额	纳税调整金额	累计结转以后年度扣除额
		1	2	3	4	5	6 (1-5)	7 (2+4-5)
1	一、工资薪金支出			*	*			*
2	其中：股权激励			*	*			*
3	二、职工福利费支出							
4	三、职工教育经费支出			*				
5	其中：按税收规定比例扣除的职工教育经费							
6	按税收规定全额扣除的职工培训费用				*			*
7	四、工会经费支出			*	*			*
8	五、各类基本社会保障性缴款			*	*			*
9	六、住房公积金			*	*			*
10	七、补充养老保险				*			*
11	八、补充医疗保险				*			*
12	九、其他							
13	合计（1+3+4+7+8+9+10+11+12）			*				

表 5-15　A105060 广告费和业务宣传费跨年度纳税调整明细表

金额单位：元

行次	项目	金额
1	一、本年广告费和业务宣传费支出	
2	减：不允许扣除的广告费和业务宣传费支出	
3	二、本年符合条件的广告费和业务宣传费支出（1－2）	
4	三、本年计算广告费和业务宣传费扣除限额的销售（营业）收入	
5	乘：税收规定扣除率	
6	四、本企业计算的广告费和业务宣传费扣除限额（4×5）	
7	五、本年结转以后年度扣除额（3＞6，本行＝3－6；3≤6，本行＝0）	
8	加：以前年度累计结转扣除额	
9	减：本年扣除的以前年度结转额［3＞6，本行＝0；3≤6，本行＝8或（6－3）孰小值］	
10	六、按照分摊协议归集至其他关联方的广告费和业务宣传费（10≤3或6孰小值）	
11	按照分摊协议从其他关联方归集至本企业的广告费和业务宣传费	
12	七、本年广告费和业务宣传费支出纳税调整金额（3＞6，本行＝2＋3－6＋10－11；3≤6，本行＝2＋10－11－9）	
13	八、累计结转以后年度扣除额（7＋8－9）	

表 5-16　A105070 捐赠支出及纳税调整明细表

金额单位：元

行次	项目	账载金额	以前年度结转可扣除的捐赠额	按税收规定计算的扣除限额	税收金额	纳税调增金额	纳税调减金额	可结转以后年度扣除的捐赠额
		1	2	3	4	5	6	7
1	一、非公益性捐赠		*	*	*		*	*
2	二、全额扣除的公益性捐赠		*	*		*	*	*
3	三、限额扣除的公益性捐赠（4+5+6+7）							
4	前三年度（　　年）	*		*	*	*		*
5	前二年度（　　年）	*		*	*	*		
6	前一年度（　　年）	*		*	*	*		
7	本　　年（　　年）		*				*	
8	合计（1+2+3）							

表 5-17 A105080 资产折旧、摊销及纳税调整明细表

金额单位:元

行次	项目	账载金额		资产计税基础	税收金额				纳税调整金额
		资产原值	本年折旧、摊销额		税收折旧额	享受加速折旧政策的资产按税收一般规定计算的折旧、摊销额	加速折旧统计额	累计折旧摊销额	
		1	2	3	4	5	6	7=5-6	8	9 (2-5)
1	一、固定资产 (2+3+4+5+6+7)						*		
2	（一）房屋、建筑物						*		
3	（二）飞机、火车、轮船、机器、机械和其他生产设备						*		
4	（三）与生产经营活动有关的器具、工具、家具等						*		
5	（四）飞机、火车、轮船以外的运输工具						*		
6	（五）电子设备						*		
7	（六）其他						*		
8	其中：享受加速折旧及一次性扣除政策的资产加速折旧额大于一般折旧额的部分	（一）重要行业固定资产加速折旧（不含一次性扣除）					*		*
9		（二）其他行业研发设备加速折旧					*		*
10		（三）固定资产一次性扣除					*		*
11		（四）技术进步、更新换代固定资产					*		*
12		（五）常年强震动、高腐蚀固定资产					*		*
13		（六）外购软件折旧					*		*
14		（七）集成电路企业生产设备					*		*
15	二、生产性生物资产 (16+17)					*	*		
16	（一）林木类					*	*		
17	（二）畜类					*	*		

续表

行次	项目	账载金额			税收金额					纳税调整金额
		资产原值	本年折旧、摊销额	累计折旧、摊销额	资产计税基础	税收折旧、摊销额	享受加速折旧政策的资产按税收一般规定计算的折旧、摊销额	加速折旧、摊销统计额	累计折旧、摊销额	
		1	2	3	4	5	6	7=5-6	8	9(2-5)
18	三、无形资产(19+20+21+22+23+24+25+27)						*	*		
19	(一)专利权						*	*		
20	(二)商标权						*	*		
21	(三)著作权						*	*		
22	(四)土地使用权						*	*		
23	(五)非专利技术						*	*		
24	(六)特许权使用费						*	*		
25	(七)软件						*	*		
26	其中：享受企业外购软件加速摊销政策							*		
27	(八)其他						*	*		
28	四、长期待摊费用(29+30+31+32+33)						*	*		
29	(一)已足额提取折旧的固定资产的改建支出						*	*		
30	(二)租入固定资产的改建支出						*	*		
31	(三)固定资产的大修理支出						*	*		
32	(四)开办费						*	*		
33	(五)其他						*	*		
34	五、油气勘探投资									
35	六、油气开发投资									
36	合计(1+15+18+28+34+35)									
附列资料	全民所有制企业公司改制资产评估增值政策资产						*			

表 5-18 A105000 纳税调整项目明细表

金额单位：元

行次	项目	账载金额 1	税收金额 2	调增金额 3	调减金额 4
1	一、收入类调整项目（2+3+…+8+10+11）	*	*		
2	（一）视同销售收入（填写 A105010）	*			*
3	（二）未按权责发生制原则确认的收入（填写 A105020）				
4	（三）投资收益（填写 A105030）				
5	（四）按权益法核算长期股权投资对初始投资成本调整确认收益	*	*	*	
6	（五）交易性金融资产初始投资调整	*	*		*
7	（六）公允价值变动净损益	*	*		
8	（七）不征税收入	*	*		
9	其中：专项用途财政性资金（填写 A105040）	*			
10	（八）销售折扣、折让和退回		*		
11	（九）其他				
12	二、扣除类调整项目（13+14+…+24+26+27+28+29+30）	*	*		
13	（一）视同销售成本（填写 A105010）	*		*	
14	（二）职工薪酬（填写 A105050）				
15	（三）业务招待费支出				
16	（四）广告费和业务宣传费支出（填写 A105060）	*	*		
17	（五）捐赠支出（填写 A105070）				
18	（六）利息支出				
19	（七）罚金、罚款和被没收财物的损失		*		*
20	（八）税收滞纳金、加收利息		*		*
21	（九）赞助支出		*		*
22	（十）与未实现融资收益相关在当期确认的财务费用				*

续表

行次	项目	账载金额 1	税收金额 2	调增金额 3	调减金额 4
23	（十一）佣金和手续费支出				
24	（十二）不征税收入用于支出所形成的费用	*	*		*
25	其中：专项用途财政性资金用于支出所形成的费用（填写A105040）	*	*		*
26	（十三）跨期扣除项目				
27	（十四）与取得收入无关的支出		*		*
28	（十五）境外所得分摊的共同支出	*	*		*
29	（十六）党组织工作经费		*		
30	（十七）其他				
31	三、资产类调整项目（32＋33＋34＋35）	*	*		
32	（一）资产折旧、摊销（填写A105080）				
33	（二）资产减值准备金		*		
34	（三）资产损失（填写A105090）				
35	（四）其他				
36	四、特殊事项调整项目（37＋38＋…＋42）	*	*		
37	（一）企业重组		*		
38	（二）政策性搬迁（填写A105100）	*	*		
39	（三）特殊行业准备金（填写A105120）	*	*		
40	（四）房地产开发企业特定业务计算的纳税调整额（填写A105010）	*	*		
41	（五）合伙企业法人合伙人应分得的应纳税所得额	*	*		
42	（六）其他	*	*		
43	五、特别纳税调整应税所得	*	*		*
44	六、其他	*	*		*
45	合计（1＋12＋31＋36＋43＋44）	*	*		*

表5-19 A107011 符合条件的居民企业之间的股息、红利等权益性投资收益优惠明细表

金额单位：元

行次	被投资企业	被投资企业统一社会信用代码（纳税人识别号）	投资性质	投资成本	投资比例	被投资企业利润分配确认金额		被投资企业清算确认金额			撤回或减少投资确认金额					合计
						被投资企业做出利润分配或转股决定的时间	依决定归属于本公司的股息、红利等权益性投资收益金额	分得的被投资企业清算剩余资产	被清算企业累计未分配利润和累计盈余公积余额中本企业享有部分	应确认股息所得	从被投资企业撤回或减少投资取得的资产	减少投资比例	收回初始投资成本	取得资产中超过收回初始投资成本部分	撤回或减少投资应享有被投资企业累计未分配利润和累计盈余公积	应确认的股息所得	
	1	2	3	4	5	6	7	8	9	10（8与9孰小）	11	12	13（4×12）	14（11−13）	15	16（14与15孰小）	17（7+10+16）
1																	
2																	
3																	
4																	
5																	
6																	
7																	
8	合计																
9	其中：股票投资—沪港通H股																
10	股票投资—深港通H股																

表 5-20　A107014 研发费用加计扣除优惠明细表

金额单位：元

行次	项目	金额（数量）
1	本年可享受研发费用加计扣除项目数量/个	
2	一、自主研发、合作研发、集中研发（3＋7＋16＋19＋23＋34）	
3	（一）人员人工费用（4＋5＋6）	
4	1. 直接从事研发活动人员工资薪金	
5	2. 直接从事研发活动人员五险一金	
6	3. 外聘研发人员的劳务费用	
7	（二）直接投入费用（8＋9＋10＋11＋12＋13＋14＋15）	
8	1. 研发活动直接消耗材料费用	
9	2. 研发活动直接消耗燃料费用	
10	3. 研发活动直接消耗动力费用	
11	4. 用于中间试验和产品试制的模具、工艺装备开发及制造费	
12	5. 用于不构成固定资产的样品、样机及一般测试手段购置费	
13	6. 用于试制产品的检验费	
14	7. 用于研发活动的仪器、设备的运行维护、调整、检验、维修等费用	
15	8. 通过经营租赁方式租入的用于研发活动的仪器、设备租赁费	
16	（三）折旧费用（17＋18）	
17	1. 用于研发活动的仪器的折旧费	
18	2. 用于研发活动的设备的折旧费	
19	（四）无形资产摊销（20＋21＋22）	
20	1. 用于研发活动的软件的摊销费用	
21	2. 用于研发活动的专利权的摊销费用	
22	3. 用于研发活动的非专利技术（包括许可证、专有技术、设计和计算方法等）的摊销费用	
23	（五）新产品设计费等（24＋25＋26＋27）	
24	1. 新产品设计费	
25	2. 新工艺规程制定费	
26	3. 新药研制的临床试验费	
27	4. 勘探开发技术的现场试验费	
28	（六）其他相关费用（29＋30＋31＋32＋33）	
29	1. 技术图书资料费、资料翻译费、专家咨询费、高新科技研发保险费	
30	2. 研发成果的检索、分析、评议、论证、鉴定、评审、评估、验收费用	
31	3. 知识产权的申请费、注册费、代理费	

续表

行次	项目	金额（数量）
32	4. 职工福利费、补充养老保险费、补充医疗保险费	
33	5. 差旅费、会议费	
34	（七）经限额调整后的其他相关费用	
35	二、委托研发（36＋37＋39）	
36	（一）委托境内机构或个人进行研发活动所发生的费用	
37	（二）委托境外机构进行研发活动发生的费用	
38	其中：允许加计扣除的委托境外机构进行研发活动发生的费用	
39	（三）委托境外个人进行研发活动发生的费用	
40	三、年度研发费用小计（2＋36×80%＋38）	
41	（一）本年费用化金额	
42	（二）本年资本化金额	
43	四、本年形成无形资产摊销额	
44	五、以前年度形成无形资产本年摊销额	
45	六、允许扣除的研发费用合计（41＋43＋44）	
46	减：特殊收入部分	
47	七、允许扣除的研发费用抵减特殊收入后的金额（45－46）	
48	减：当年销售研发活动直接形成产品（包括组成部分）对应的材料部分	
49	减：以前年度销售研发活动直接形成产品（包括组成部分）对应材料部分结转金额	
50	八、加计扣除比例（%）	
51	九、本年研发费用加计扣除总额（47－48－49）×50	
52	十、销售研发活动直接形成产品（包括组成部分）对应材料部分结转以后年度扣减金额（当47－48－49≥0，本行＝0；当47－48－49＜0，本行＝47－48－49的绝对值）	

表 5-21　A107010 免税、减计收入及加计扣除优惠明细表

金额单位：元

行次	项目	金额
1	一、免税收入（2＋3＋6＋7＋8＋9＋10＋11＋12＋13＋14＋15＋16）	
2	（一）国债利息收入免征企业所得税	
3	（二）符合条件的居民企业之间的股息、红利等权益性投资收益免征企业所得税（填写 A107011）	
4	其中：内地居民企业通过沪港通投资且连续持有 H 股满 12 个月取得的股息红利所得免征企业所得税（填写 A107011）	
5	内地居民企业通过深港通投资且连续持有 H 股满 12 个月取得的股息红利所得免征企业所得税（填写 A107011）	

续表

行次	项目	金额
6	（三）符合条件的非营利组织的收入免征企业所得税	
7	（四）符合条件的非营利组织（科技企业孵化器）的收入免征企业所得税	
8	（五）符合条件的非营利组织（国家大学科技园）的收入免征企业所得税	
9	（六）中国清洁发展机制基金取得的收入免征企业所得税	
10	（七）投资者从证券投资基金分配中取得的收入免征企业所得税	
11	（八）取得的地方政府债券利息收入免征企业所得税	
12	（九）中国保险保障基金有限责任公司取得的保险保障基金等收入免征企业所得税	
13	（十）中国奥委会取得北京冬奥组委支付的收入免征企业所得税	
14	（十一）中国残奥委会取得北京冬奥组委分期支付的收入免征企业所得税	
15	（十二）其他1	
16	（十三）其他2	
17	二、减计收入（18＋19＋23＋24）	
18	（一）综合利用资源生产产品取得的收入在计算应纳税所得额时减计收入	
19	（二）金融、保险等机构取得的涉农利息、保费减计收入（20＋21＋22）	
20	1. 金融机构取得的涉农贷款利息收入在计算应纳税所得额时减计收入	
21	2. 保险机构取得的涉农保费收入在计算应纳税所得额时减计收入	
22	3. 小额贷款公司取得的农户小额贷款利息收入在计算应纳税所得额时减计收入	
23	（三）取得铁路债券利息收入减半征收企业所得税	
24	（四）其他	
25	三、加计扣除（26＋27＋28＋29＋30）	
26	（一）开发新技术、新产品、新工艺发生的研究开发费用加计扣除（填写A107012）	
27	（二）科技型中小企业开发新技术、新产品、新工艺发生的研究开发费用加计扣除（填写A107012）	
28	（三）企业为获得创新性、创意性、突破性的产品进行创意设计活动而发生的相关费用加计扣除	
29	（四）安置残疾人员所支付的工资加计扣除	
30	（五）其他	
31	合计（1＋17＋25）	

表 5-22 A107050 税额抵免优惠明细表

金额单位：元

行次	项目	年度	本年抵免前应纳税额	本年允许抵免的专用设备投资额	本年可抵免税额	以前年度已抵免额					本年实际抵免的各年度税额	可结转以后年度抵免的税额
						前五年度	前四年度	前三年度	前二年度	前一年度	小计	
			1	2	3	4=3×10%	5	6	7	8	9	10 (5+6+7+8+9)	11	12 (4-10-11)
1	前五年度												*
2	前四年度					*							
3	前三年度					*	*						
4	前二年度					*	*	*					
5	前一年度					*	*	*	*				
6	本年度					*	*	*	*	*			
7	本年实际抵免税额合计										*		
8	可结转以后年度抵免的税额												*
9	专用设备投资情况	本年允许抵免的环境保护专用设备投资额											
10		本年允许抵免的能节水的专用设备投资额											
11		本年允许抵免的安全生产专用设备投资额											

表5-23 A100000 企业所得税年度纳税申报表（A类，2017年版）

金额单位：元

行次	类别	项目	金额
1	利润总额计算	一、营业收入（填写A101010/101020/103000）	
2		减：营业成本（填写A102010/102020/103000）	
3		税金及附加	
4		销售费用（填写A104000）	
5		管理费用（填写A104000）	
6		财务费用（填写A104000）	
7		资产减值损失	
8		加：公允价值变动收益	
9		投资收益	
10		资产处置收益	
11		其他收益	
12		二、营业利润（1-2-3-4-5-6-7+8+9+10+11）	
13		加：营业外收入（填写A101010/101020/103000）	
14		减：营业外支出（填写A102010/102020/103000）	
15		三、利润总额（12+13-14）	
16	应纳税所得额计算	减：境外所得（填写A108010）	
17		加：纳税调整增加额（填写A105000）	
18		减：纳税调整减少额（填写A105000）	
19		减：免税、减计收入及加计扣除（填写A107010）	
20		加：境外应税所得抵减境内亏损（填写A108000）	
21		四、纳税调整后所得（15-16+17-18-19+20）	
22		减：所得减免（填写A107020）	
23		减：弥补以前年度亏损（填写A106000）	
24		减：抵扣应纳税所得额（填写A107030）	
25		五、应纳税所得额（21-22-23-24）	
26	应纳税额计算	税率（25%）	
27		六、应纳所得税额（25×26）	
28		减：减免所得税额（填写A107040）	
29		减：抵免所得税额（填写A107050）	

续表

行次	类别	项目	金额
30	应纳税额计算	七、应纳税额（27－28－29）	
31		加：境外所得应纳所得税额（填写 A108000）	
32		减：境外所得抵免所得税额（填写 A108000）	
33		八、实际应纳所得税额（30＋31－32）	
34		减：本年累计实际已缴纳的所得税额	
35		九、本年应补（退）所得税额（33－34）	
36		其中：总机构分摊本年应补（退）所得税额（填写 A109000）	
37		财政集中分配本年应补（退）所得税额（填写 A109000）	
38		总机构主体生产经营部门分摊本年应补（退）所得税额	

凭证 5-2

中国建设银行电子缴税付款凭证

转账日期：2019 年 04 月 08 日　　　　　　　　　　　凭证字号：20190408402330036

纳税人全称及纳税人识别号：	山东长兴纸业股份有限公司 913707041600530289		
付款人全称：	山东长兴纸业股份有限公司		
付款人账号：	3700401612273040003	征收机关名称：	国家税务总局潍坊市潍城区税务局南关分局
付款人开户银行：	中国建设银行潍坊市青年路支行	收款国库名称：	国家金库西城区支库
小写（金额）合计：	¥219 000.00	缴款书交易流水号：	2019040812000115
大写（金额）合计：	人民币贰拾壹万玖仟元整	税票号码：	320190408000233052
税（费）种名称	所属时期		实缴金额
企业所得税	20180101—20181231		¥219 000.00

表 5-24　利润表　　　　　　　　　　　　　　　　　　　　　　单位：元

项目	第一季度	第二季度	第三季度	第四季度	全年
一、营业收入	21 985 000	21 829 000	21 792 000	20 720 000	86 326 000
减：营业成本	15 895 000	15 789 000	15 711 000	15 705 000	63 100 000
税金及附加	1 120 000	1 160 000	1 044 000	961 000	4 285 000
销售费用	3 892 000	3 662 000	3 372 000	2 724 000	13 650 000
管理费用	643 000	403 000	375 000	99 000	1 520 000
财务费用	100 000	100 000	29 000	251 000	480 000
资产减值损失	0	180 000	0	220 000	400 000

续表

项目	第一季度	第二季度	第三季度	第四季度	全年
加：公允价值变动收益	0	210 000	0	220 000	430 000
投资收益	0	0	0	920 000	920 000
资产处置收益	0	0	0	104 000	104 000
其他收益	0	0	0	0	0
二、营业利润	335 000	715 000	1 261 000	2 004 000	4 315 000
加：营业外收入	0	90 000	0	0	90 000
减：营业外支出	4 000	300 000	220 000	30 000	554 000
三、利润总额	331 000	505 000	1 041 000	1 974 000	3 851 000
减：所得税费用	82 750	126 250	260 250		
四、净利润	248 250	378 750	780 750		

答案 5.2

项目六

个人所得税核算与申报

第一部分 职业分析能力训练

一、单选项辨析（本题是对项目六知识点的分析能力、判断能力与应用能力的单一训练，需从每小题中选择出一个正确选项）

1. 下列选项中，属于劳务报酬所得的是（　　）。
   A. 发表论文取得的报酬
   B. 高校教师受出版社委托进行审稿取得的报酬
   C. 将国外的作品翻译出版取得的报酬
   D. 提供著作的版权而取得的报酬

2. 个人取得的财产转租收入，属于个人所得税征税对象中的（　　）。
   A. 偶然所得　　B. 财产转让所得　　C. 其他所得　　D. 财产租赁所得

3. 转让自用（　　）年以上，并且是家庭唯一居住用房所取得的收入，暂免征收个人所得税。
   A. 1　　B. 3　　C. 5　　D. 10

4. 居民个人取得的下列所得中，不属于综合所得的是（　　）。
   A. 劳务报酬所得　　B. 稿酬所得
   C. 特许权使用费所得　　D. 财产转让所得

5. 我国某高校的黄老师2019年出版专著一部，当年获得稿酬所得60 000元。则计入综合所得"全年应纳税所得额"的稿酬所得应为（　　）元。
   A. 28 000　　B. 40 000　　C. 33 600　　D. 35 000

6. 计算居民个人综合所得全年应纳税所得额时，基本费用减除标准是每年（　　）元。
   A. 70 000　　B. 60 000　　C. 50 000　　D. 30 000

7. 子女教育专项附加扣除的标准为每个子女每月（　　）元。
   A. 1 000　　B. 2 000　　C. 3 000　　D. 4 000

8. 纳税人接受职业资格继续教育的支出，在取得证书的当年一次性扣除（　　）元。
   A. 1 000　　B. 2 500　　C. 3 600　　D. 4 800

9. 我国公民孙某2019年度发生医药费用支出共计150 000元（与基本医保相关），医保报销了 45 000 元，剩余金额均在医保目录范围内。孙某在办理本年度汇算清缴时，大病医疗专项附加扣除的金额应为（　　）元。
   A. 75 000　　　　　B. 45 000　　　　　C. 80 000　　　　　D. 60 000

10. 某人在主要工作城市青岛没有自有住房而发生租金支出，则其住房租金专项附加扣除标准为每月（　　）元。
   A. 1 000　　　　　B. 1 500　　　　　C. 1 100　　　　　D. 800

11. 纳税人为独生子女，其父母已年满 60 岁，则赡养老人专项附加扣除标准为每月（　　）元。
   A. 1 000　　　　　B. 2 000　　　　　C. 1 500　　　　　D. 800

12. 综合所得适用的超额累进税率是（　　）。
   A. 5%～45%　　　B. 3%～45%　　　C. 5%～35%　　　D. 5%～55%

13. 2019 年，某作家综合所得的全年应纳税所得额为 50 000 元，则该作家全年应缴纳个人所得税（　　）元。
   A. 2 640　　　　　B. 2 480　　　　　C. 3 720　　　　　D. 3 840

14. 对个人的财产转让所得，其个人所得税的应纳税所得额为（　　）。
   A. 转让财产的收入额
   B. 转让财产的纯收益
   C. 转让财产的收入额减除合理费用后的余额
   D. 转让财产的收入额减除财产原值和合理费用后的余额

15. 个体工商户谭先生 2019 年全年应纳税所得额为 85 000 元，则谭先生全年应缴纳个人所得税（　　）元。
   A. 7 000　　　　　B. 1 200　　　　　C. 1 340　　　　　D. 1 500

16. 在计算应纳税所得额时，不允许扣除任何费用的所得项目是（　　）。
   A. 特许权使用费所得　　　　　B. 稿酬所得
   C. 偶然所得　　　　　　　　　D. 财产转让所得

17. 个人将其所得对教育、扶贫、济困等公益慈善事业进行捐赠，捐赠额未超过纳税人申报的应纳税所得额（　　）的部分，可以从其应纳税所得额中扣除。
   A. 60%　　　　　　B. 50%　　　　　　C. 40%　　　　　　D. 30%

18. 扣缴义务人预扣个人所得税时，应借记（　　）科目，贷记"应交税费——应交个人所得税"科目。
   A. 应付职工薪酬——非货币性福利
   B. 应付职工薪酬——职工福利费
   C. 应付职工薪酬——设定提存计划
   D. 应付职工薪酬——工资、奖金、津贴和补贴

19. 扣缴义务人按照所扣缴税款 2% 取得的手续费，应贷记（　　）科目。
   A. 其他收益　　B. 营业外收入　　C. 其他业务收入　　D. 管理费用

20. 居民个人取得综合所得需要办理年度汇算清缴的，应在取得所得次年的（　　）内办理汇算清缴。
   A. 1 月 1 日至 3 月 31 日　　　　　B. 3 月 31 日至 6 月 30 日

C. 3月1日至6月30日　　　　　D. 3月1日至6月1日

二、多选项辨析（本题是对项目六知识点的分析能力、判断能力与应用能力的复合训练，具有一定的综合性，需从每小题中选择出多个正确选项）

1. 个人所得税的纳税义务人包括（　　）。
   A. 在中国境内有住所的个人　　　B. 在中国境内有所得的境外人员
   C. 个体工商户　　　　　　　　　D. 在中国境内有所得的外籍人士

2. 个人所得税居民个人和非居民个人的判定标准是（　　）。
   A. 户籍标准　　　　　　　　　　B. 经营、工作地标准
   C. 住所标准　　　　　　　　　　D. 居住时间标准

3. 下列属于劳务报酬所得的有（　　）。
   A. 翻译文稿收入　　B. 审稿收入　　C. 现场作画收入　　D. 雕刻收入

4. 下列利息收入免征个人所得税的有（　　）。
   A. 借款给他人收取的利息　　　　B. 国债利息
   C. 国家发行的金融债券利息　　　D. 储蓄存款利息

5. 居民个人取得的综合所得包括（　　）。
   A. 工资薪金所得　　　　　　　　B. 劳务报酬所得
   C. 稿酬所得　　　　　　　　　　D. 特许权使用费所得

6. 计算居民个人综合所得全年应纳税所得额时，需要减除的专项扣除项目有（　　）。
   A. 基本养老保险费　　　　　　　B. 基本医疗保险费
   C. 失业保险费　　　　　　　　　D. 住房公积金

7. 计算居民个人综合所得全年应纳税所得额时，可以减除的专项附加扣除项目有（　　）。
   A. 子女教育　　　B. 住房贷款利息　　C. 大病医疗　　D. 赡养老人

8. 纳税人在主要工作城市无自有住房而发生的住房租金支出，扣除标准有（　　）。
   A. 直辖市、省会（首府）城市、计划单列市以及国务院确定的其他城市，扣除标准为每月1 500元
   B. 除上述所列城市以外，市辖区户籍人口超过100万的城市，扣除标准为每月1 100元
   C. 除上述所列城市以外，市辖区户籍人口超过100万的城市，扣除标准为每月1 000元
   D. 市辖区户籍人口不超过100万的城市，扣除标准为每月800元

9. 取得经营所得的个人，没有综合所得的，则在计算年度应纳税所得额时应当减除的内容有（　　）。
   A. 费用6万元　　　　　　　　　B. 生产经营过程中的成本、费用
   C. 专项扣除　　　　　　　　　　D. 专项附加扣除

10. 下列各项所得中，适用按20%税率征收个人所得税的有（　　）。
    A. 偶然所得　　　　　　　　　　B. 财产转让所得
    C. 利息、股息、红利所得　　　　D. 财产租赁所得

11. 下列选项中，在计算个人所得税时，可以减除费用的有（　　）。
    A. 劳务报酬所得　　　　　　　　B. 稿酬所得
    C. 偶然所得　　　　　　　　　　D. 利息、股息、红利所得
12. 直接以每次收入额为应纳税所得额来计算缴纳个人所得税的项目有（　　）。
    A. 劳务报酬所得　　　　　　　　B. 稿酬所得
    C. 偶然所得　　　　　　　　　　D. 利息、股息、红利所得
13. 下列选项中，适用超额累进税率计征个人所得税的有（　　）。
    A. 综合所得　　B. 财产转让所得　　C. 经营所得　　D. 偶然所得
14. 居民个人的下列各项所得中，按次计征个人所得税的有（　　）。
    A. 财产租赁所得　　B. 特许权使用费所得　　C. 劳务报酬所得　　D. 财产转让所得
15. 取得综合所得需要办理汇算清缴纳税申报的情形有（　　）。
    A. 从两处以上取得综合所得，且综合所得年收入额减除专项扣除后的余额超过6万元
    B. 取得劳务报酬所得、稿酬所得、特许权使用费所得中一项或者多项所得，且综合所得年收入额减除专项扣除的余额超过6万元
    C. 纳税年度内预缴税额低于应纳税额
    D. 纳税人申请退税
16. 扣缴义务人应当依法办理全员全额扣缴申报的应税所得包括（　　）。
    A. 工资、薪金所得　　　　　　　B. 劳务报酬所得
    C. 利息、股息、红利所得　　　　D. 经营所得

答案6.1.2

三、正误辨析（本题是对项目六知识点的分析能力、判断能力的单一训练，需要给出每个命题正确或错误的判断）

1. 居民个人是指在中国境内有住所，或者无住所而一个纳税年度内在中国境内居住累计满183天的个人。（　　）
2. 除工资、薪金以外，独生子女补贴、托儿补助费、差旅费津贴、误餐补助也被确定为工资、薪金范畴。（　　）
3. 个人对企业、事业单位承包经营、承租经营以及转包、转租取得的收入，属于经营所得。（　　）
4. 是否存在雇佣与被雇佣关系，是判断一种收入是属于劳务报酬所得，还是属于工资、薪金所得的重要标准。劳务报酬所得存在雇佣与被雇佣的关系，而工资、薪金所得不存在这种关系。（　　）
5. 个人转让专利权、商标权、著作权、非专利技术等的权属所取得的收入，按照"特许权使用费所得"缴纳个人所得税。（　　）
6. 市级人民政府颁发的科学、教育、技术、文化、卫生、体育、环境保护等方面的奖金，免征个人所得税。（　　）
7. 居民个人取得的综合所得包括工资薪金所得、劳务报酬所得、稿酬所得、财产转让所得。（　　）
8. 保险营销员、证券经纪人取得的佣金收入，属于劳务报酬所得，以不含增值税的

收入减除20%费用后的余额为收入额。（　　）

9. 居民个人的综合所得在计算年度应纳税所得额时，按照每年50 000元的标准予以扣除；扣缴义务人在扣缴工资薪金所得的个人所得税时，按照每月5 000元的标准予以扣除。（　　）

10. 纳税人的子女接受学前教育和全日制学历教育的支出，按照每个子女每月1 200元的标准定额扣除。（　　）

11. 在一个纳税年度内，一个纳税人不可以同时享受一项学历（学位）继续教育支出扣除和一项职业资格继续教育扣除。（　　）

12. 纳税人及其配偶、未成年子女发生的医药费用支出，按照限额内据实扣除的规定，分别计算扣除额。（　　）

13. 市辖区户籍人口不超过100万的城市，住房租金专项附加扣除的标准为每月800元。（　　）

14. 赡养老人专项附加扣除的计算时间为被赡养人年满60周岁的当月至赡养义务终止的当月。（　　）

15. 个体工商户个人所得税的会计核算，通过"所得税费用""应交税费——应交个人所得税"等科目进行。（　　）

16. 企业作为个人所得税的扣缴义务人，按规定预扣个人所得税时，借记"应付职工薪酬——工资、奖金、津贴和补贴"科目，贷记"应交税费——应交个人所得税"科目。（　　）

17. 扣缴义务人每月或者每次预扣、代扣的税款，应当在次月十日内缴入国库，并向税务机关报送《个人所得税扣缴申报表》。（　　）

18. 扣缴义务人向居民个人支付工资、薪金所得时，应当按照"累计预扣法"计算预扣税款。（　　）

19. 某居民个人取得稿酬所得40 000元，该笔所得的预扣预缴应纳税所得额 = 40 000 × （1 − 20%） = 32 000（元），应预扣预缴税额 = 32 000 × 20% = 6 400（元）。（　　）

20. 居民个人工资、薪金所得的累计预扣预缴应纳税所得额不超过36 000元时，适用的预扣率为10%。（　　）

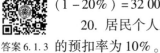

答案6.1.3

四、业务解析

业务（一）

1. 业务资料

我国公民章先生就职于国内丙公司。2019年11月份，章先生为乙公司提供一项设计服务，取得一次性收入4 500元。

2. 工作要求

（1）章先生取得的设计服务收入属于哪项应税所得？

（2）计算该项所得应计入综合所得全年应纳税所得额的金额。

业务（二）

1. 业务资料

我国公民王先生就职于国内某高校。2019年10月份，王先生出版了一部教材，获得稿酬 8 000 元。

2. 工作要求

（1）王先生取得的收入属于哪项应税所得？

（2）计算该项所得应计入综合所得全年纳税所得额的金额。

业务（三）

1. 业务资料

山东省某会计师事务所的李女士 2019 年取得工资薪金收入 200 000 元，"三险一金"月缴费基数为 15 000 元。"三险一金"个人缴存比例为：基本养老保险 8%、基本医疗保险 2%、失业保险 0.5%、住房公积金 12%。

本年度，李女士正在偿还首套住房贷款及利息；夫妻二人育有两个孩子，都处于义务教育阶段；李女士是独生子女，父母已过 60 岁。

夫妻双方约定，子女教育专项附加扣除由双方分别按扣除标准的 50% 扣除，住房贷款利息专项附加扣除由李女士一方扣除。无其他所得和扣除项目。

2. 工作要求

为李女士计算 2019 年个人所得税的下列指标数据：

（1）专项扣除的金额。

（2）子女教育专项附加扣除的金额。

（3）住房贷款利息专项附加扣除的金额。

（4）赡养老人专项附加扣除的金额。

（5）专项附加扣除的合计金额。

（6）综合所得全年应纳税所得额。

（7）年应纳税额。

业务（四）

1. 业务资料

陈先生于 2019 年 1 月将其自有的 100 平方米的房屋按市场价出租给李先生居住，每月获得租金收入 3 500 元，租金按月支付。6 月份，陈先生发生房屋修缮费用 1 100 元，能够提供有效、准确的凭证。增值税征收率、城建税税率、教育费附加征收率分别为 3%、7%、3%。

2. 工作要求

（1）计算陈先生 2019 年 6 月财产租赁所得应缴纳的个人所得税。

（2）计算陈先生 2019 年 7 月财产租赁所得应缴纳的个人所得税。

业务（五）

1. 业务资料

我国某大学教授鲁先生 2019 年取得如下收入：

（1）每月工资收入 15 000 元，"三险一金"月缴费基数为 12 000 元，"三险一金"的个人缴存比例分别为：基本养老保险 8%、基本医疗保险 2%、失业保险 0.5%、住房公积金 12%。

（2）一次性稿费收入 6 000 元。

(3) 提供技术咨询,取得一次性报酬 22 000 元。

(4) 出租用于居住的住房,租期 1 年,月租金收入为 2 000 元(不含增值税),7 月份和 8 月份各发生修缮费用 700 元(能提供有效、准确凭证)。

(5) 到期国债利息收入 1 286 元。

鲁先生的两个子女都处在义务教育阶段,夫妻约定由鲁先生一方负担子女教育专项附加扣除。鲁先生是独生子女,父母已过 60 周岁。本年度鲁先生正在偿还首套住房贷款及利息。无其他扣除及免税项目。

2. 工作要求

为鲁先生计算 2019 年个人所得税的下列指标数据:

(1) 综合所得全年应纳税所得额。

(2) 综合所得年应纳税额。

(3) 除综合所得外,其他所得的年应纳税额。

(4) 全年应纳个人所得税合计金额。

业务(六)

1. 业务资料

2019 年 11 月,郁先生在某企业举办的商品有奖销售活动中获得奖金 4 000 元。陈先生领奖时支付交通费 50 元、餐费 100 元。郁先生从中奖收入中拿出 1 000 元通过教育部门捐赠给当地希望小学。

2. 工作要求

(1) 计算郁先生偶然所得个人所得税应纳税所得额。

(2) 计算郁先生偶然所得个人所得税应纳税额。

(3) 计算郁先生此次偶然所得的实际可得金额。

业务(七)

1. 业务资料

杨晓东先生是山东新时代科技服务有限公司的一名员工,其个人所得税由公司负责办理扣缴申报。2019 年 10 月份,杨先生的个人所得税基础数据如表 6-1 所示。

杨先生与妻子育有二女,大女儿于 2016 年上小学,二女儿于 2019 年 7 月已满三周岁。夫妻约定,子女教育专项附加扣除由杨先生一方扣除。

该公司为职工代扣代缴基本养老保险费、基本医疗保险费、失业保险费和住房公积金,扣缴比例分别为缴费基数的 8%、2%、0.5%、12%。杨先生的各月工资总额相同,不存在其他扣除或减免项目。

表 6-1 个人所得税基础数据一览表(一)

2019 年 10 月 金额单位:元

姓名	月工资总额	三险一金缴费基数	子女教育	赡养老人	住房贷款利息
杨晓东	12 000	10 400	2 000	1 000	0

2. 工作要求

(1) 计算杨晓东 2019 年每月扣缴的基本养老保险费、基本医疗保险费、失业保险费和住房公积金。

(2) 计算杨晓东2019年每月的专项扣除金额。

(3) 计算杨晓东2019年1月至9月个人所得税的扣缴金额。

(4) 计算杨晓东2019年10月个人所得税的扣缴金额。

(5) 计算杨晓东2019年10月的实发工资金额。

业务（八）

1. 业务资料

山东新时代科技服务有限公司拥有职工6人，账簿资料齐全。2019年1月开始，全体员工均选择预扣预缴申报。

员工杨晓东专项附加扣除的资料见业务（七）。2019年10月份，其他五位员工的个人所得税基础数据如表6-2所示。专项附加扣除项目均从2019年1月开始扣除。

该公司代扣代缴基本养老保险费、基本医疗保险费、失业保险费和住房公积金，扣缴比例分别为缴费基数的8%、2%、0.5%、12%。每位员工的各月工资总额相同，不存在其他扣除或减免项目。

表6-2 个人所得税基础数据一览表（二）

2019年10月　　　　　　　　　　　　　　　　　　金额单位：元

姓名	月工资总额	三险一金缴费基数	子女教育	赡养老人	住房贷款利息
冯学立	13 000	11 400	1 000	2 000	1 000
武俊国	9 800	8 200	0	2 000	0
童永浩	9 400	7 800	0	1 000	1 000
李同磊	9 600	8 000	1 000	1 000	0
李玉东	10 000	8 400	1 000	1 000	0
合计	51 800	43 800	3 000	7 000	2 000

2. 工作要求

(1) 按照累计预扣法，计算除杨晓东外的五位员工2019年10月应扣缴的个人所得税。

(2) 计算该公司六位员工2019年10月应扣缴的个人所得税合计金额。

答案6.1.4

第二部分　职业实践能力训练

一、企业基础信息

企　业　名　称：山东新时代科技服务有限公司（以下简称"新时代公司"）

企　业　类　型：个人独资企业

开　户　银　行：中国工商银行潍坊市西环路支行

账　　　　　号：3700414012273054321

纳税人识别号：913707041516582036

成 立 时 间：2017 年 3 月 15 日

公 司 地 址：山东省潍坊市潍城区西环路 4321 号

经 营 范 围：技术开发、技术转让、技术服务等

投 资 者：冷成岭（自然人）

会 计 主 管：丁一鸣

会 计 员：许尚楠

二、能力目标

1. 能够准确计算代扣的基本养老保险费、基本医疗保险费、失业保险费和住房公积金。

2. 能够准确计算累计收入、累计减除费用、累计专项扣除、累计专项附加扣除。

3. 能够准确计算累计预扣预缴应纳税所得额。

4. 能够准确计算本月应预扣预缴税额。

5. 能够准确、完整地填写《个人所得税扣缴申报表》。

6. 能够及时、无误地办理个人所得税扣缴手续，并完成相关账务处理。

三、实训要求

1. 根据表 6-1《个人所得税基础数据一览表》（一）、本项目第一部分"四、业务解析——业务（七）"和第二部分"五、实训资料"，为扣缴义务人填制 2019 年 10 月的《个人所得税扣缴申报表》（表 6-4）。

具体填制过程可按照如下步骤操作：

（1）为每位员工填写"收入额计算"（第 8 列）、"减除费用"（第 11 列），以及截至 10 月的"累计收入额"（第 22 列）、"累计减除费用"（第 23 列）。

（2）计算每位员工的基本养老保险费、基本医疗保险费、失业保险费、住房公积金以及累计专项扣除，填写第 12 至 15 列、第 24 列。

（3）计算子女教育、赡养老人、住房贷款利息截至 10 月的累计专项附加扣除，填写第 25、26、27 列。

（4）按照累计预扣法，计算累计预扣预缴应纳税所得额，填写第 33 列。

（5）对照主教材《税务核算与申报》的表 6-4《个人所得税预扣率表》，确定预扣率、速算扣除数，并填写第 34、35 列。

（6）按照累计预扣法，计算累计应预扣预缴税额，填写第 36 列。

（7）计算截至 9 月累计已扣缴税额，填写第 38 列。

（8）按照累计预扣法，计算 10 月应预扣预缴税额，填写第 39 列。

2. 为扣缴义务人编制预扣个人所得税的记账凭证。

3. 为扣缴义务人编制预缴个人所得税的记账凭证。

四、实训耗材

《个人所得税扣缴申报表》（表 6-4）1 张，记账凭证 2 张。

五、实训资料

1. 新时代公司拥有职工 6 人（不含投资者），账簿资料齐全。作为扣缴义务人，该公司负责办理个人所得税全员全额扣缴申报。2019 年 1 月开始，全体员工均选择预扣预缴申报。2019 年 10 月，该公司员工的个人所得税基础数据如表 6-3 所示。

员工杨晓东与妻子育有二女，大女儿于 2016 年上小学，二女儿于 2019 年 7 月已满三周岁。夫妻约定，子女教育专项附加扣除均由杨晓东一方扣除。除杨晓东外，其他员工的专项附加扣除均自 2019 年 1 月开始扣除。

该公司基本养老保险费、基本医疗保险费、失业保险费和住房公积金的扣缴比例分别为 8%、2%、0.5%、12%。每位员工的各月工资总额相同，不存在其他扣除或减免项目。

2. 新时代公司于 11 月 15 日将预扣的个人所得税税款缴入国库，并取得"电子缴税付款凭证"（凭证 6-1）。

表 6-3 个人所得税基础数据一览表（三）

2019 年 10 月　　　　　　　　　　　　　　　　　金额单位：元

姓名	月工资总额	三险一金缴费基数	子女教育	赡养老人	住房贷款利息
杨晓东	12 000	10 400	2 000	1 000	0
冯学立	13 000	11 400	1 000	2 000	1 000
武俊国	9 800	8 200	0	2 000	0
童永浩	9 400	7 800	0	1 000	1 000
李同磊	9 600	8 000	1 000	1 000	0
李玉东	10 000	8 400	1 000	1 000	0
合计	63 800	54 200	5 000	8 000	2 000

凭证 6-1

中国工商银行 电子缴税付款凭证

转账日期：2019 年 11 月 15 日　　　　　　　　　　凭证字号：20191115420652123

纳税人全称及纳税人识别号：	山东新时代科技服务有限公司 913707041516582036		
付款人全称：	山东新时代科技服务有限公司		
付款人账号：	3700414012273054321	征收机关名称：潍坊青年路支行	国家税务总局潍坊市潍城区税务局西环分局
付款人开户银行：	中国工商银行潍坊市西环路支行	收款国库名称：	国家金库潍坊潍城区支库
小写(金额)合计：	¥198.15	缴款书交易流水号：	2019111503132117
大写(金额)合计：	人民币壹佰玖拾捌元壹角伍分	税票号码：	320191115020124551
税（费）种名称	所属时期		实缴金额
个人所得税	20191001—20191031		¥198.15

（中国工商银行潍坊青年路支行 2019.11.15 办讫章）

表 6-4 个人所得税扣缴申报表

税款所属期：2019 年 10 月 1 日至 2019 年 10 月 31 日

扣缴义务人名称：山东新时代科技服务有限公司

扣缴义务人纳税人识别号（统一社会信用代码）：

金额单位：元

姓名	所得项目	本月（次）情况						累计情况（工资、薪金）							税款计算				
		收入额计算		减除费用	专项扣除			累计收入额	累计减除费用	累计专项扣除	累计专项附加扣除			应纳税所得额	税率/预扣率	速算扣除数	应纳税额	已扣缴税额	应补（退）税额
		收入	费用		基本养老保险费	基本医疗保险费	失业保险费	住房公积金				子女教育	赡养老人	住房贷款利息						
2	7	8	9	11	12	13	14	15	22	23	24	25	26	27	33	34	35	36	38	39
杨晓东	工资薪金	12 000		5 000																
冯学立	工资薪金	13 000		5 000																
武俊国	工资薪金	9 800		5 000																
董永浩	工资薪金	9 400		5 000																
李同磊	工资薪金	9 600																		
李玉东	工资薪金	10 000		5 000																
合计		63 800		30 000																

谨声明：本扣缴申报表是根据国家税收法律法规及相关规定填报的，是真实的、可靠的、完整的。

扣缴义务人（签章）：

2019 年 10 月 31 日

代理机构签章：

代理机构统一社会信用代码：

经办人签字：

经办人身份证件号码：

受理人：

受理税务机关（章）：

受理日期： 年 月 日

① 因版面所限，略去表中无须填写的项目，完整表样可见主教材《税务核算与申报》中的表 6-6。

项目七

其他税种核算与申报

第一部分 职业分析能力训练

一、单选项辨析（本题是对项目七知识点的分析能力、判断能力与应用能力的单一训练，需从每小题中选择出一个正确选项）

1. 下列选项中，不属于房产税纳税人的是（   ）。
   A. 城区房产使用人　　　　　　　　B. 城区房产所有人
   C. 城区房产出典人　　　　　　　　D. 城区房产代管人

2. 下列关于房产税的表述中，正确的是（   ）。
   A. 产权所有人、承典人均不在房产所在地的，免征房产税
   B. 纳税单位无租使用免税单位的房产，应由使用人代为缴纳房产税
   C. 房地产开发企业建造的商品房，在出售前一律不征收房产税
   D. 居民住宅区内业主共有的经营性房产，由业主委员会代为缴纳房产税

3. 按照规定，下列选项中不征收房产税的地区是（   ）。
   A. 县城　　　　B. 工矿区　　　　C. 农村　　　　D. 建制镇

4. 某企业2018年房产原值共计1 000万元，2019年1月1日将其中原值100万元的房产对外出租，每年收取租金50万元，省政府规定的房产原值减除比例为30%。该企业2019年应缴纳房产税（   ）万元。
   A. 21.84　　　B. 11.44　　　C. 12.4　　　D. 13.13

5. 某企业有一处原值2 000万元的房产，2019年2月15日将其中的40%出售，月底办理好产权转移手续，当地政府规定的扣除比例为20%。2019年该房产应缴纳房产税（   ）万元。
   A. 12.8　　　B. 11.52　　　C. 12.16　　　D. 12.6

6. 2019年4月10日，某公司将一处原值1 200万元的房产用于投资联营（收取固定收入，不承担联营风险）。已知该企业当年取得固定收入100万元，当地政府规定的扣除比例为30%。2019年该房产应缴纳房产税（   ）万元。
   A. 6　　　　B. 9.6　　　　C. 9.2　　　　D. 15.36

7. 公民秦某拥有两处房产，一处原值100万元的房产供自己居住，另一处原值120万

元的房产于 2019 年 6 月 1 日出租给李某居住，按市场价每月收取租金 1 500 元。秦某当年应缴纳房产税（　　）元。

A. 240　　　　　　B. 360　　　　　　C. 1 080　　　　　　D. 720

8. 某公司 2019 年固定资产原值为 5 000 万元，其中房产原值 4 000 万元、已提折旧 800 万元，机器设备原值 1 000 万元、已提折旧 300 万元。已知当地政府规定房产税的扣减比例为 30%，该公司 2019 年度应缴纳房产税（　　）万元。

A. 33.60　　　　　B. 16.8　　　　　C. 24　　　　　D. 42

9. 下列关于房产税的纳税义务发生时间，正确的是（　　）。
   A. 委托施工企业建设的房产，从办理验收手续之月起
   B. 自行新建房产用于生产经营的，从生产经营之月起
   C. 自行新建房产用于生产经营的，从建成之月起
   D. 将原有房产用于生产经营的，从生产经营之月起

10. 甲企业委托某施工企业建造一处仓库，工程于 2019 年 3 月 31 日完工，5 月 31 日办理了竣工决算手续，7 月 31 日正式投入使用。该仓库应当自（　　）起征收房产税。
    A. 2019 年 4 月 1 日　　　　　　B. 2019 年 6 月 1 日
    C. 2019 年 7 月 31 日　　　　　　D. 2019 年 8 月 1 日

11. 位于某一中等城市的甲企业与乙企业共同使用面积为 8 000 平方米的土地，其中甲企业占用的土地面积为 5 000 平方米。经税务机关核定，每平方米年税额 1.5 元。则甲企业应缴纳城镇土地使用税（　　）元。

A. 3 200　　　　　B. 4 000　　　　　C. 6 400　　　　　D. 7 500

12. 某市某肉制品加工企业 2019 年占地 50 000 平方米，其中生猪养殖基地占地 18 000 平方米。企业所在地的城镇土地使用税单位税额为每平方米 1.8 元。该企业全年应缴纳城镇土地使用税（　　）元。

A. 16 800　　　　B. 57 600　　　　C. 39 200　　　　D. 48 000

13. 某城市一个人民团体有甲、乙两个办公楼，甲办公楼占地 1 000 平方米，乙办公楼占地 2 200 平方米。2019 年 3 月 31 日至 12 月 31 日，该团体将甲办公楼出租。当地城镇土地使用税为每平方米年税额 15 元。该团体 2019 年应缴纳城镇土地使用税（　　）元。

A. 15 000　　　　B. 11 250　　　　C. 13 750　　　　D. 12 500

14. 某盐场 2019 年度占地 190 000 平方米，其中盐场附属幼儿园占地 10 000 平方米，盐滩占地 110 000 平方米。盐场所在地的城镇土地使用税单位税额每平方米 0.7 元。该盐场 2019 年应缴纳城镇土地使用税（　　）元。

A. 14 000　　　　B. 49 000　　　　C. 56 000　　　　D. 140 000

15. 纳税人新征用的耕地，其城镇土地使用税的纳税义务发生时间是（　　）。
    A. 自批准征用之日起满 6 个月　　　　B. 自批准征用之日起满 3 个月
    C. 自批准征用之日起满 1 年　　　　　D. 自批准征用之日起满 2 年

16. 根据车船税的相关规定，车辆的具体适用税额由（　　）确定。
    A. 国务院　　　　　　　　　　　　B. 省、自治区、直辖市人民政府

C. 车管所　　　　　　　　　　　　D. 国家税务总局

17. 下列选项中，不属于车船税计税单位的是（　　）。
   A. 艇身长度　　　B. 净吨位每吨　　　C. 整备质量每吨　　　D. 每辆

18. 下列车辆中，免于缴纳车船税的是（　　）。
   A. 机关公务车　　B. 载客汽车　　　C. 银行运钞车　　　D. 养殖渔船

19. 2019年年初，某运输公司拥有以下车辆：①整备质量为10吨的半挂牵引车5辆，②整备质量为20吨的载货卡车10辆，③从事运输用的整备质量为8吨的挂车4辆。当地政府规定，载货汽车车船税年税额为整备质量每吨60元。该公司当年应纳车船税为（　　）元。
   A. 15 446　　　　B. 16 920　　　　C. 15 960　　　　D. 15 420

20. 纳税人新购置车辆使用的，其车船税的纳税义务发生时间为（　　）。
   A. 取得车辆所有权的当月起　　　　B. 取得车辆所有权的次月起
   C. 取得车辆所有权的当年起　　　　D. 取得车辆所有权的次年起

21. 依法不需要办理登记的车船，车船税的纳税地点为（　　）。
   A. 车船购买地　　　　　　　　　　B. 车船登记地
   C. 车船使用地　　　　　　　　　　D. 车船的所有人或者管理人所在地

22. 根据印花税的相关规定，下列选项中，属于印花税纳税人的是（　　）。
   A. 合同的双方当事人　　　　　　　B. 合同的担保人
   C. 合同的代理人　　　　　　　　　D. 合同的鉴定人

23. 根据印花税的相关规定，下列选项中不征收印花税的是（　　）。
   A. 工商营业执照　　　　　　　　　B. 房屋产权证
   C. 土地使用证　　　　　　　　　　D. 税务登记证

24. 甲公司2017年8月开业，实收资本4 000万元。2019年5月增加资本公积200万元；6月份与乙公司签订承揽合同，约定由甲公司提供原材料100万元，并向乙公司收取加工费20万元；10月份与丙公司签订技术合同，所载报酬金额为100万元。则2019年甲公司应纳印花税为（　　）元。
   A. 1 400　　　　B. 860　　　　C. 1 700　　　　D. 1 800

25. 2019年6月，某建设单位与甲公司签订一份有关A项目的建设工程合同，合同价款为200万元。同月，该建设单位与乙公司签订一份B项目的建设工程合同，合同价款为2 000万元。乙公司将B项目中的装饰工程转包给丙公司，转包合同上注明的合同价款为500万元。

   （1）建设单位当月应纳印花税为（　　）元。
      A. 1 000　　　　B. 6 000　　　　C. 6 600　　　　D. 7 200

   （2）乙公司当月应纳印花税为（　　）元。
      A. 1 500　　　　B. 6 000　　　　C. 7 500　　　　D. 6 500

   （3）甲公司、丙公司当月应纳印花税分别为（　　）元。
      A. 1 500，1 000　　　　　　　　B. 600，1 500
      C. 2 500，500　　　　　　　　　D. 500，2 500

26. 下列选项中，属于契税纳税人的是（　　）。

A. 获得住房奖励的个人 B. 继承父母汽车的子女
C. 出售房屋的个体工商户 D. 转让土地使用权的企业

27. 下列选项中，不属于契税征税范围的是（ ）。
A. 房屋交换 B. 国有土地使用权出让
C. 农村集体土地承包经营权的转移 D. 土地使用权赠与

28. 王某向张某借款80万元，后因张某急需资金，王某以一套价值90万元的房屋抵偿所欠张某债务，张某取得房屋产权的同时支付王某差价款10万元（已知契税税率为3%）。下列表述中，正确的是（ ）。
A. 王某应纳契税3万元 B. 王某应纳契税2.4万元
C. 张某应纳契税2.7万元 D. 张某应纳契税0.3万元

29. 某公司以3 500万元买入一栋旧写字楼作为办公用房，该写字楼原值7 000万元，已提折旧3 000万元，当地适用的契税税率为3%。
（1）该公司应纳契税为（ ）万元。
    A. 210   B. 105   C. 120   D. 100
（2）该公司缴纳契税，应当借记（ ）科目。
    A. "无形资产"   B. "固定资产"
    C. "税金及附加"   D. "营业税金及附加"

30. 下列关于契税的表述，正确的是（ ）。
A. 土地使用权交换、房屋交换，以所交换的土地使用权、房屋的价格差额为计税依据
B. 契税实行2%~5%的幅度税率
C. 买卖装修的房屋，其契税计税价格为房屋买卖合同的总价款，不含装修费用
D. 纳税人应当自纳税义务发生之日起15日内，向税务机关办理纳税申报

答案 7.1.1

二、多选项辨析（本题是对项目七知识点的分析能力、判断能力与应用能力的复合训练，具有一定的综合性，需从每小题中选择出多个正确选项）

1. 下列关于房产税纳税人的选项中，正确的有（ ）。
A. 房屋产权未确定或租典纠纷未解决的，房产代管人或使用人为纳税人
B. 将房屋产权出典的，产权所有人为纳税人
C. 将房屋产权出典的，承典人为纳税人
D. 产权所有人不在房产所在地的，房产代管人或使用人为纳税人

2. 关于融资租赁涉及的房产税，下列选项中正确的有（ ）。
A. 以劳务作为报酬抵付房租收入，应根据当地同类房屋的租金水平，确定租金标准
B. 融资租赁房屋的，以房产余值为计税依据计征房产税
C. 融资租赁房屋的，以租金收入为计税依据计征房产税
D. 融资租赁房屋，房产最终转让给承租方的，由承租人缴纳租赁过程中的房产税

3. 关于房产税计税依据，下列选项中符合规定的有（ ）。

A. 以房产投资联营，并参与投资利润分红、共担风险的，应按房产余值作为计税依据

B. 以融资租赁方式租入的房屋，以每期支付的租赁费为计税依据

C. 纳税人对原有房屋进行改造、扩建的，要相应增加房屋的原值

D. 对经营自用的房屋，以房产余值作为计税依据

4. 下列选项中，应当征收房产税的有（　　）。
   A. 城市居民拥有的营业用房　　　　B. 城市居民投资联营的房产
   C. 城市居民所有的自有住房　　　　D. 城市居民出租的房产

5. 下列选项中，不缴纳房产税的有（　　）。
   A. 个人开办的商店用房　　　　　　B. 居民自住房
   C. 工厂用房　　　　　　　　　　　D. 某公立学校使用的教室

6. 关于房产税的纳税义务发生时间，下列表述不正确的有（　　）。
   A. 纳税人自行新建房屋用于生产经营，从建成之次月起缴纳房产税
   B. 纳税人购置新建商品房，自办理验收手续之次月起缴纳房产税
   C. 纳税人购置存量房，自房屋交付使用之次月起缴纳房产税
   D. 房地产开发企业自用本企业建造的商品房，自房屋使用之次月起缴纳房产税

7. 根据城镇土地使用税的有关规定，下列选项正确的有（　　）。
   A. 外商投资企业也应缴纳城镇土地使用税
   B. 土地使用权共有的，由共有各方分别纳税
   C. 土地使用权未确定的，不需要纳税
   D. 由拥有土地使用权的单位和个人纳税

8. 下列可以成为城镇土地使用税纳税人的是（　　）。
   A. 县城的中外合资工业企业　　　　B. 城市郊区的外资百货公司
   C. 工矿区的杂货店　　　　　　　　D. 农村山区的小卖部

9. 下列选项中，可以直接免征城镇土地使用税的有（　　）。
   A. 寺庙内宗教人员的宿舍用地
   B. 国家机关职工家属的宿舍用地
   C. 个人所有的居住房屋及院落用地
   D. 公园的游览用地

10. 下列用地中，应征收城镇土地使用税的有（　　）。
    A. 名胜古迹区内附设的照相馆用地　　B. 水产养殖场的办公用地
    C. 校办企业的经营用地　　　　　　　D. 公园中管理单位的办公用地

11. 下列有关城镇土地使用税纳税义务发生时间，符合规定的有（　　）。
    A. 纳税人新征用的耕地，自批准征用之月起缴纳城镇土地使用税
    B. 纳税人出租房产，自交付出租房产之次月起缴纳城镇土地使用税
    C. 纳税人新征用的非耕地，自批准征用之月起缴纳城镇土地使用税
    D. 纳税人购置新建商品房，自房屋交付使用之次月起缴纳城镇土地使用税

12. 车船税的纳税人包括（　　）。
    A. 国有独资企业　　　　　　　　　B. 股份有限公司

C. 外商独资企业 D. 个体户

13. 下列关于车船税的表述,正确的有( )。
    A. 在我国境内属于应税车船的车船所有人或者管理人为车船税的纳税义务人
    B. 车船税的征税范围包括依法不需要在车船管理部门登记的机动车辆
    C. 从事机动车第三者责任强制保险业务的保险机构,为机动车车船税的扣缴义务人
    D. 依法不需要在车辆管理部门登记的机动车辆,不需要缴纳车船税

14. 下列车辆中,属于以"辆数"为计税依据的有( )。
    A. 小客车 B. 载客电车 C. 摩托车 D. 挂车

15. 下列属于车船税免税项目的有( )。
    A. 货运车船 B. 武警消防车
    C. 军队专用车船 D. 捕捞、养殖渔船

16. 根据印花税的相关规定,下列选项中属于印花税征税范围的有( )。
    A. 土地使用权出让书据 B. 土地使用权转让书据
    C. 房屋转让书据 D. 不动产权证书

17. 关于印花税纳税人的下列表述中,正确的有( )。
    A. 会计账簿以立账簿人为纳税人
    B. 产权转移书据以立据人为纳税人
    C. 建筑工程合同以合同当事人为纳税人
    D. 不动产权证书以领受人为纳税人

18. 根据印花税的相关规定,下列选项中以所载金额作为计税依据的有( )。
    A. 产权转移书据 B. 借款合同
    C. 租赁合同 D. 营业执照

19. 下列选项中按件贴花、税额为每件5元的印花税应税凭证有( )。
    A. 权利、许可证照 B. 营业账簿
    C. 营业执照 D. 不动产权证书

20. 根据印花税的相关规定,下列选项中免征印花税的有( )。
    A. 已缴纳印花税凭证的副本
    B. 财产所有人将财产赠给政府、社会福利单位、学校所订立的产权转移书据
    C. 按件贴花五元的营业账簿
    D. 国家指定收购部门与农民个人书立的自产农产品买卖合同

21. 按规定应缴纳契税的纳税人有( )。
    A. 出让土地使用权的国土资源管理局
    B. 购买土地使用权的房地产开发商
    C. 购买花园别墅的用户
    D. 不等价交换房产时支付补价的个人

22. 下列行为中,应视同土地使用权转让征收契税的有( )。
    A. 以土地使用权作价投资到其他企业
    B. 以土地使用权作抵债

C. 以获奖方式承受土地使用权

D. 以经营租赁方式租入承受土地

23. 下列选项中，关于契税计税依据的表述正确的有（　　）。

A. 交换土地使用权的，以所交换的土地使用权的价格差额为计税依据

B. 受让国有土地使用权的，以成交价格为计税价格

C. 受赠房屋的，由征收机关参照房屋买卖的市场价格核定计税依据

D. 购入土地使用权的，以评估价格为计税依据

答案 7.1.2

三、正误辨析（本题是对项目七知识点的分析能力、判断能力的单一训练，需要给出每个命题正确或错误的判断）

1. 对于房地产开发企业在出售前已使用或出租、出借的商品房，不征收房产税。（　　）

2. 对个人出租住房的，按租金收入依照12%的税率计算征收房产税。（　　）

3. 公园、名胜古迹经营用的房产，免征房产税。（　　）

4. 山东省内企业在计算房产税时，房产原值的扣除比例为20%。（　　）

5. 《房产税纳税申报表》的附表包括《房产税减免税明细申报表》《从价计征房产税税源明细表》和《从租计征房产税税源明细表》。（　　）

6. 企业按月计提房产税时，应当填制原始凭证《应交房产税计算表》。（　　）

7. 土地使用权共有的，共有各方均为纳税人，由共有各方协商轮流缴纳城镇土地使用税。（　　）

8. 凡在城市、县城、建制镇和工矿区范围内的土地，不论是属于国家所有的土地，还是集体所有的土地，都属于城镇土地使用税的征税范围。（　　）

9. 纳税人实际占用的土地面积，凡由省级人民政府确定的单位组织测定土地面积的，以测定的土地面积为准。（　　）

10. 《城镇土地使用税纳税申报表》的附表有《城镇土地使用税纳税申报表（汇总版）》《城镇土地使用税减免税明细申报表》和《城镇土地使用税税源明细表》。（　　）

11. 某钢铁厂依法不需要在车船登记管理部门登记、在单位内部行驶的机动车辆，这些车辆属于车船税的征税范围。（　　）

12. 扣缴义务人代收代缴车船税的，纳税地点为车船登记地的主管税务机关。（　　）

13. 车船税按年申报，分月计算，一次性缴纳。（　　）

14. 自行申报车船税的纳税人应当填报《车船税纳税申报表》和《车船税代收代缴报告表》。（　　）

15. 根据应纳税额大小、纳税次数多少及税源控管的需要，印花税可采用自行贴花、汇贴汇缴两种缴纳方法。（　　）

16. 订立买卖合同的企业双方，应当以合同列明的价款（不含增值税）为计税依据，按照3‰的税率计算缴纳印花税。（　　）

17. 印花税纳税义务发生时间为纳税人订立、领受应税凭证或者完成证券交易的次日。（　　）

18. 企业缴纳的房产税、车船税、城镇土地使用税、印花税，会计核算时通过"税金

及附加"科目计入当期损益。   (   )。

19. 企业按规定计算缴纳的契税，不通过"税金及附加""应交税费"科目核算。
                                                                (   )

20. 企业购买一项土地使用权而缴纳的契税，应借记"固定资产"科目，贷记"银行存款"科目。   (   )

四、业务解析

业务（一）

1. 业务资料

青岛市一家大型商品零售企业，2019年年初账簿记录的办公楼、商场等房产的原值总计为2 100万元；4月，将原值100万元的一层商场出租给某公司经营，租期6年，月租金15万元。山东省政府规定的房产原值扣除比例为30%。该企业房产税按年计算申报、分季度缴纳、按月计提。

2. 工作要求

（1）计算该企业2019年房产税应纳税额。

（2）计算2019年4月、5月、6月的房产税应纳税额。

（3）编制2019年4月、5月、6月计提应纳房产税的会计分录。

（4）编制缴纳2019年第二季度房产税的会计分录。

业务（二）

1. 业务资料

2019年，山东省潍坊万达化工有限公司占用土地情况如下。

① 2019年1月1日，该公司实际拥有二等地段土地1 200 000平方米、三等地段土地23 800平方米（其中公司自办医院用地600平方米、自办幼儿园占地400平方米）。经税务机关核定，医院和幼儿园的用地能与公司其他用地明确区分。

② 同年8月，该公司在城郊征用非耕地10 000平方米。

③ 当地政府规定，每平方米土地年税额为：二等地段7元，三等地段4元，城郊征用的非耕地1.2元。

④ 该公司城镇土地使用税按年计算，每月预提，按季度缴纳。

⑤ 2019年10月9日，公司缴纳了当年第三季度的城镇土地使用税，并取得了城镇土地使用税"电子缴税付款凭证"。

2. 工作要求

（1）计算该公司2019年9月份城镇土地使用税的应纳税额。

（2）编制该公司计提9月份应纳城镇土地使用税时的会计分录。

（3）计算该公司2019年第三季度城镇土地使用税的应纳税额。

（4）编制该公司缴纳2019年第三季度城镇土地使用税时的会计分录。

业务（三）

1. 业务资料

2019年，青岛市一家运输企业拥有车辆情况如下：

客车9辆，其中大型客车3辆（乘坐人数>20人），2.4升乘用车4辆（乘坐人数大于9人小于20人），1.6升小型客车2辆（乘坐人数小于9人），每辆年基准税额分别为900元、720元、360元；拥有载货货车7辆，其中4辆每辆整备质量吨位8吨，另外3辆每辆整备质量吨位为22吨，每吨年基准税额为60元。

该企业车船税分月计算，按年申报，一次性缴纳。车船税采用自行申报纳税方式。

2. 工作要求

（1）计算该企业2019年车船税应纳税额。
（2）计算2019年该企业车船税每月应纳税额。
（3）编制计提6月份应纳车船税的会计分录。
（4）编制实际缴纳2019年车船税时的会计分录。

业务（四）

1. 业务资料

山东省潍坊市一家化工公司，2019年2月发生如下有关印花税的业务。

① 3日，与中国工商银行签订借款合同，申请3年期的借款，取得借款金额1 000万元，年利率为7%；4日，款项到账。

② 4日，与当地一家公司签订房屋租赁合同一份，租让公司商业用房一套。合同记载租金共计240万元。

③ 15日，与当地一家建材公司签订钢材买卖合同，共记载金额600万元。

④ 20日，领取土地使用证1份、房屋产权证1份、专利证书1份。

⑤ 经当地税务机关许可，该公司采用按月汇缴办法缴纳印花税。

2. 工作要求

（1）计算该公司2019年2月份的印花税税额。
（2）编制2月份计提印花税的会计分录。
（3）编制实际缴纳印花税的会计分录。

答案7.1.4

第二部分　职业实践能力训练

企业基础信息如下：

企 业 名 称：潍坊万达化工有限公司
企 业 类 型：有限责任公司
注 册 资 本：7 000万元人民币
开 户 银 行：中国工商银行潍坊市中山路支行
账　　　 号：3700230135056800342
纳税人识别号：913707011694500359
联 系 电 话：0536-29002××

公 司 地 址：山东省潍坊市中山路556号
经 营 范 围：化工产品的生产与销售等
法定代表人：郑祥云
财务负责人：刘盈盈
会 计 主 管：吴有光
出 纳 员：张晓丽
办 税 员：秦向光

实训一　房产税

一、能力目标

1. 能够规范、完整地填制《应交房产税计算表》，准确计算应纳房产税税额。
2. 能够准确、完整地填写《房产税纳税申报表》。
3. 能够及时、无误地办理房产税的纳税申报、税款缴纳工作。
4. 能够根据房产税的相关原始凭证，准确完成相应账务处理。

二、实训要求

1. 编制收到租金和月末确认收入时的记账凭证。
2. 第三季度每个月月末，填制《应交房产税计算表》（表7-1～表7-3）。
3. 第三季度每个月月末，编制按月计提房产税的记账凭证。
4. 2019年10月10日，填制第三季度《房产税纳税申报表》（表7-4）。
5. 根据凭证7-3"电子缴税付款凭证"，编制相应记账凭证。

三、实训耗材

记账凭证6张，《房产税纳税申报表》1张。

四、实训资料

1. 2019年，潍坊万达化工有限公司拥有办公楼2栋，原值分别为600万元、400万元；生产车间4间，原值2 000万元；存货仓库3间，每间原值为300万元。

仓库一间已于2018年12月出租给潍坊华海实业有限公司，双方签订租赁合同，年租金为130.8万元（含增值税），于每年1月1日、7月1日分两次收付。

山东省政府规定房产原值的扣除比例为30%。税务机关采取按年计算、分季度缴纳方式征收房产税，该公司按月计提房产税（表7-1～表7-3）。

2. 2019年7月1日，该公司收到下半年的租金65.4万元（凭证7-1、凭证7-2）。
3. 2019年10月15日，该公司缴纳第三季度的房产税，取得"电子缴税付款凭证"（凭证7-3）。

表7-1　应交房产税计算表（一）

年　　月　　日　　　　　　　　　　　　　　　　金额单位：元

房产计税方式	计税依据				适用税率（%）	本月应纳税额
	房产原值	扣除比例	房产余值	租金收入		
合计	—		—		—	

会计主管：　　　　　　　　　　　　　　　　　　　　制单：

表 7-2　应交房产税计算表（二）

年　　月　　日　　　　　　　　　　　　　　　　　　　　金额单位：元

房产计税方式	计税依据				适用税率（%）	本月应纳税额
	房产原值	扣除比例	房产余值	租金收入		
合计	—	—	—	—	—	—

会计主管：　　　　　　　　　　　　　　　　　　　　制单：

表 7-3　应交房产税计算表（三）

年　　月　　日　　　　　　　　　　　　　　　　　　　　金额单位：元

房产计税方式	计税依据				适用税率（%）	本月应纳税额
	房产原值	扣除比例	房产余值	租金收入		
合计	—	—	—	—	—	—

会计主管：　　　　　　　　　　　　　　　　　　　　制单：

凭证 7-1

中国工商银行　进账单（收账通知）

NO 30017722

2019 年 07 月 01 日

付款人	全称	潍坊华海实业有限公司	收款人	全称	潍坊万达化工有限公司	此联是收款人开户银行给收款人的收账通知
	账号	3700135056230800312		账号	3700230135056800342	
	开户银行	中国建设银行潍坊市乐川路支行		开户银行	中国工商银行潍坊市中山路支行	

人民币（大写）	陆拾伍万肆仟元整	千	百	十	万	千	百	十	元	角	分
	¥		6	5	4	0	0	0	0	0	0

票据种类	转账支票	票据张数	1	中国工商银行潍坊中山路支行 2019.07.01 收讫
票据号码	05990026			
复核　　　　记账				收款单位开户行盖章

凭证 7-2

山东增值税专用发票

NO 18757077

开票日期：2019 年 07 月 01 日

购买方	名　　　称：	潍坊华海实业有限公司		密码区	8 + > >789 + > >7893-6248 < > 8 * 1111 < * 49862 + 2734898750 < + * 352648 << 6429 * 098 * 111167
	纳税人识别号：	913707239456038109			
	地址、电话：	潍坊市滨海区滨海大街 1200 号 0536-82630 ××			
	开户行及账号：	工商银行潍坊滨海区支行 3700286360233060401			

货物或应税劳务、服务名称	规格型号	单位	数量	单价	金额	税率	税额
经营租赁 不动产经营租赁					600 000.00	9%	54 000.00
合计					¥600 000.00		¥54 000.00

价税合计（大写）	⊗陆拾伍万肆仟元整	（小写） ¥654 000.00

销售方	名　　　称：	潍坊万达化工有限公司	备注	出租房产位于潍坊市潍城区中山路100号 
	纳税人识别号：	913707011694500359		
	地址、电话：	潍坊市中山路 556 号 0536-29002 ××		
	开户行及账号：	工商银行潍坊中山路支行 3700230135056800342		

收款人：　　　复核：　　　开票人：张晓丽　　　销售方：（章）

第一联：记账联 销售方记账凭证

凭证 7-3

中国工商银行电子缴税付款凭证

转账日期：2019 年 10 月 15 日　　　　　凭证字号：20191015402311031

纳税人全称及纳税人识别号：	潍坊万达化工有限公司 913707011694500359
付款人全称：	潍坊万达化工有限公司
付款人账号：	3700230135056800342
付款人开户银行：	中国工商银行潍坊市中山路支行
小写（金额）合计：	¥111 600.00
大写（金额）合计：	人民币壹拾壹万壹仟陆佰元整

征收机关名称：	中国工商银行潍坊中山路支行
收款国库名称：	国家税务总局潍坊市潍城区税务局长松分局
缴款书交换流水号：	国家金库潍城区支库
	2019101512000115
税票号码：	320191015300233052

税（费）种名称	所属时期	实缴金额
房产税	20190701—20190930	¥111 600.00

表 7-4 房产税纳税申报表

税款所属期：自 年 月 日 至 年 月 日

纳税人识别号（统一社会信用代码）：

纳税人名称：

金额单位：人民币元（列至角分）；面积单位：平方米

本期是否适用增值税小规模纳税人减征政策（减免性质代码：08049901）	□是 □否			本期适用增值税小规模纳税人减征政策起始时间	年 月
				本期适用增值税小规模纳税人减征政策终止时间	年 月

一、从价计征房产税

房产编号	房产原值	其中：出租房产原值	计税比例	税率	所属期起	所属期止	本期应纳税额	本期减免税额	本期小规模纳税人减征额	减征比例（%）	本期已缴税额	本期应补（退）税额
1												
2												
3												
4												
5												
6												
合计		*	*	*	*	*				*		

二、从租计征房产税

	本期申报租金收入	税率	本期应纳税额	本期减免税额	本期小规模纳税人减征额	本期已缴税额	本期应补（退）税额
1							
2							
3							
合计		*					

谨声明：本纳税申报表是根据国家税收法律法规及相关规定填报的，是真实的、可靠的、完整的。

纳税人（签章）： 年 月 日

经办人：	受理人：
代理人身份证号：	受理税务机关（章）：
代理机构签章：	受理日期： 年 月 日
代理机构统一社会信用代码：	

答案 7.2.1

实训二　城镇土地使用税

一、能力目标

1. 能够规范、完整地填制《应交城镇土地使用税计算表》，准确计算当期应纳税额。
2. 能够准确、完整地填写《城镇土地使用税纳税申报表》。
3. 能够及时、无误地办理城镇土地使用税的纳税申报、税款缴纳工作。
4. 能够根据《应交城镇土地使用税计算表》、城镇土地使用税"电子缴税付款凭证"等原始凭证，运用正确的会计科目，准确完成相关账务处理。

二、实训要求

1. 填制2019年9月份的《应交城镇土地使用税计算表》（表7-5），并编制相应记账凭证。
2. 填制2019年第三季度的《城镇土地使用税纳税申报表》（表7-6）。
3. 依据凭证7-4，编制缴纳第三季度城镇土地使用税的记账凭证。

三、实训耗材

记账凭证2张，《应交城镇土地使用税计算表》1张，《城镇土地使用税纳税申报表》1张。

四、实训资料

业务资料详见本项目第一部分"四、业务解析—业务（二）"。

表7-5　应交城镇土地使用税计算表

年　　月　　日　　　　　　　　　　　　　　　　　金额单位：元

土地等级	应税面积/m^2	当年拥有月数	年税额标准/（元/m^2）	年度应纳税额	本月应纳税额
合计		—		—	

会计主管：　　　　　　　　　　　　　　　　　　　　　制单：

凭证7-4

中国工商银行电子缴税付款凭证

转账日期：2019年10月9日　　　　　　　　　　凭证字号：20191009402630136

纳税人全称及纳税人识别号：	潍坊万达化工有限公司 91370701169450O359		
付款人全称：	国家税务总局潍坊市潍城区税务局长松分局		
付款人账号：	37002301350568OO342	收款国库行标：	国家税务总局潍坊市潍城区税务局长松分局
付款人开户银行：	中国工商银行潍坊市中山路支行	收款国库名称：	国家金库潍城区支库
小写（金额）合计：	￥2 123 800.00	缴款书交易流水号：	2019100912000115
大写（金额）合计：	人民币贰佰壹拾贰万叁仟捌佰元整	税票号码：	320191009050233052
税（费）种名称	所属时期		实缴金额
城镇土地使用税	20190701—20190930		￥2 123 800.00

表7-6 城镇土地使用税纳税申报表

税款所属期：自　年　月　日　至　年　月　日　　　　金额单位：人民币元（列至角分）；面积单位：平方米

纳税人识别号（统一社会信用代码）：

纳税人名称：

本期是否适用增值税小规模纳税人减征政策（减免性质代码：10049901）	□是 □否		本期适用增值税小规模纳税人减征政策起始时间		年　月		
			本期适用增值税小规模纳税人减征政策终止时间		年　月		
联系人			联系方式				
土地编号	土地等级	税额标准	土地总面积	所属期起	所属期止	本期应纳税额	本期减免税额	本期增值税小规模纳税人减征额	减征比例（%）	本期已缴税额	本期应补（退）税额
合计		*		*	*						

谨声明：本纳税申报表是根据国家税收法律法规及相关规定填报的，是真实的、可靠的、完整的。

纳税人（签章）：

经办人：
经办人身份证号：
代理机构签章：
代理机构统一社会信用代码：

受理人：
受理税务机关（章）：
受理日期：　年　月　日

答案7.2.2

实训三　车船税

一、能力目标

1. 能够准确、完整地填写《应交车船税计算表》。
2. 能够及时、无误地办理车船税的税款缴纳工作。
3. 能够根据"增值税专用发票"等原始凭证，运用正确的会计科目准确完成税款缴纳的账务处理。
4. 能够根据《应交车船税计算表》等原始凭证，运用正确的会计科目准确完成计提税金及附加的账务处理。

二、实训要求

1. 9月11日，填制转账支票（凭证7-5），并编制缴纳保险费和车船税的记账凭证。
2. 填制9月份的《应交车船税计算表》（一）（表7-7），编制分配车船税的记账凭证。
3. 10月18日，填制转账支票（凭证7-7），并编制缴纳保险费和车船税的记账凭证。
4. 填制10月份的《应交车船税计算表》（二）（表7-8），编制分配车船税的记账凭证。

三、实训耗材

记账凭证4张，《应交车船税计算表》2张。

四、实训资料

1. 该公司2019年9月10日购进一辆小轿车，当月办理了车辆登记，取得了行驶证书。9月11日购买了2019年9月11日至2020年9月10日的机动车第三者责任强制保险，金额为1 000元（含增值税）；同时，缴纳了2019年度小轿车的车船税140元。

该公司填制转账支票（凭证7-5），向保险机构支付保险费和车船税共计1 140元，取得了保险公司开具的增值税专用发票（凭证7-6）。

2. 2019年10月17日购入一辆载货汽车，整备质量吨位为10吨，当月办理了车辆登记，取得了行驶证书。10月18日购买了2019年10月18日至2020年10月17日的机动车第三者责任强制保险，金额为1 000元（含增值税）；同时，缴纳了2019年度的车船税270元。

该公司填制转账支票（凭证7-7），向保险机构支付保险费和车船税共计1 270元，取得了保险公司开具的增值税专用发票（凭证7-8）。

3. 根据当地省政府规定，小轿车每辆年基准税额为420元，载货汽车每吨年基准税额为108元。

凭证 7-5

凭证 7-6

山东增值税专用发票 发票联

NO 18112179

开票日期：2019 年 9 月 11 日

购买方	名　称：潍坊万达化工有限公司 纳税人识别号：91370701169 4500359 地址、电话：潍坊市中山路 556 号 0536-29002×× 开户行及账号：中国工商银行潍坊中山路支行 370023013505 6800342	密码区	8＋＞＞789＋＞＞7893-6248＜＞8＊ 1111＜＊49862＋2734898750＜＋＊ 352648＜＜6429＊098＊111167

货物或应税劳务、服务名称	规格型号	单位	数量	单价	金额	税率	税额
*保险服务*机动车交通事故责任强制保险服务		单		943.40	943.40	6%	56.60
合计					¥943.40		¥56.60

价税合计（大写）	⊗壹仟元整	（小写）¥1000.00

销售方	名　称：中国太平洋财产保险股份有限公司潍坊中心支公司 纳税人识别号：913707007357655061 地址、电话：山东省潍坊市东城区 556 号 0536-29002×× 开户行及账号：工商银行潍坊东城支行 370023013505 6800342	备注	保单号：913707007357655061，代收车船税 140 元，税款所属期：2019-09-01 至 2019-12-31，滞纳金：0 元，车牌号：略，共计 1140 元

收款人：　　　复核：　　　开票人：秦至丽　　　销售方：（章）

凭证7-7

中国工商银行转账支票

凭证7-8

表7-7 应交车船税计算表（一）

年　月　日

金额单位：元

税目	计税单位	车辆数量	吨位	年基准税额	本年应纳税额	当月应纳税额
合计						

会计主管：　　　　　　　　　　　　　　　　　　　　　　　制单：

表 7-8 应交车船税计算表（二）

年　月　日　　　　　　　　　　　　　　　　金额单位：元

税目	计税单位	车辆数量	吨位	年基准税额	本年应纳税额	当月应纳税额
合计						

会计主管：　　　　　　　　　　　　　　　　　　制单：

答案 7.2.3

实训四　印花税

一、能力目标

1. 能够准确、完整地填写《应交印花税计算表》《印花税纳税申报（报告）表》。

2. 能够及时、无误地办理印花税的纳税申报和税款缴纳工作。

3. 能够根据印花税"电子缴税付款凭证"等原始凭证，运用正确的会计科目准确完成相关账务处理。

二、实训要求

1. 填制《应交印花税计算表》（表 7-9），计提 2019 年 12 月的印花税，并完成账务处理。

2. 填制 2019 年 12 月的《印花税纳税申报（报告）表》（表 7-10）。

3. 编制缴纳 2019 年 12 月印花税的记账凭证。

三、实训耗材

记账凭证 2 张，《印花税纳税申报（报告）表》1 张。

四、实训资料

该公司 2019 年 12 月发生如下经济业务。

1. 3 日，与中国工商银行签订借款合同一份，详见凭证 7-9。

2. 7 日，与当地一家公司签订房屋租赁合同一份，租让公司沿街商铺，详见凭证 7-10。

4. 15 日，与当地一家建材公司签订钢材买卖合同一份，详见凭证 7-11。

5. 20 日，领取土地使用证 1 份、房屋产权证 1 份、专利证书 1 份。

6. 经当地税务机关许可，该公司采用按月汇缴办法缴纳印花税。

7. 次月 4 日，取得印花税的"电子缴税付款凭证"，详见凭证 7-12。

凭证 7-9

借款合同

经中国工商银行潍坊市支行（以下简称贷款方）与潍坊万达化工有限公司（以下简称借款方）充分协商，签订本合同，共同遵守。

第一条　由贷款方提供给借款方贷款 1 000 万元，贷款期限自 2019 年 12 月 1 日至 2024 年 12 月 1 日。

第二条　贷款方应按期、按额向借款方提供贷款，否则，按违约数额和延期天数，付给借款方违约金。违约金数额的计算与逾期贷款罚息同，即为 0.21%。

第三条　贷款月利率 0.57%，每月 20 号结息，如遇调整，按调整的新利率和计息办法执行。

第四条　借款方应按协议使用贷款，不得转移用途。否则，贷款方有权停止发放新贷款，直至收回已发放的贷款。

第五条　借款方保证按借款契约所订期限归还贷款本息。如需延期，借款方最迟在贷款到期前 3 天，提出延期申请，经贷款方同意，办理延期手续。但延期最长不得超过原订期限的一半。贷款方未同意延期或未办理延期手续的逾期贷款，加收罚息。

第六条　贷款到期后 1 个月，如借款方不归还贷款，贷款方有权依照法律程序处理借款方作为贷款抵押品的财产，以偿还本息。

第七条　本协议书一式 2 份，借贷款双方各执正本 1 份。

第八条　本协议自双方签字起即生效。

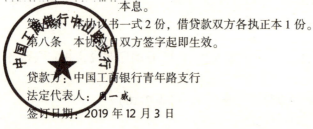

贷款方：中国工商银行青年路支行　　　　　　借款方：潍坊万达化工有限公司
法定代表人：周一威　　　　　　　　　　　　法定代表人：郑祥云
签订日期：2019 年 12 月 3 日　　　　　　　　签订日期：2019 年 12 月 3 日

凭证 7-10

房屋租赁合同

出租人：潍坊万达化工有限公司（以下简称甲方）
承租人：潍坊凤展实业有限公司（以下简称乙方）

甲方决定将潍坊市中山路的一块门面房出租给乙方使用，经甲乙双方协商签订合同如下。

一、租赁物

本合同项目下的租赁物为沿街商铺（原为办公用房），该项资产的公允价值为人民币 2 000 000.00 元。

二、租赁期限

租赁期限为 24 个月，自 2019 年 12 月 4 日起至 2021 年 12 月 3 日止。以上租赁期或租赁延长期届满时，双方如有意修改或续订合同，至少应当在期限满前 90 日提出协商，并在期满前 60 日签订新的租赁合同。双方如在本合同租赁期或租赁延长期满前 60 日内未就争议达成一致或签订新的租赁合同的，本合同到期即行终止。

三、租金及支付方式

月租金为 10 万元，每半年支付一次，支付日为 1 月 5 日、6 月 5 日。支付方式为银行转账。

．．．．．．．．．．．．

十一、合同争议的解决方式

本合同在履行过程中发生的争议，由甲乙双方协商解决；协商不成的依法向人民法院提起诉讼。

十二、本合同未尽事宜双方另行协商解决。

本合同经双方签字盖章后生效，一式四份，甲乙双方各执两份。

出租人：潍坊万达化工有限公司　　　　　　　承租人：潍坊凤展实业有限公司
代表（签字）：郑祥云　　　　　　　　　　　代表（签字）：章然
日期：2019 年 12 月 7 日　　　　　　　　　　日期：2019 年 12 月 7 日

凭证 7-11

钢材买卖合同

购买方：潍坊万达化工有限公司（甲方）　　　　　　　　　　　合同编号：010144563
销售方：山东华茂建材有限责任公司（乙方）　　　　　　　　　签订时间：2019 年 12 月 15 日

第一条　产品名称、商标规格、生产厂家、数量、金额及供货时间。

产品名称	型号规格	单位	数量	单价（元）	备注
线材	∅6.5	吨			1. 供货厂家必须为大厂，如成钢、威钢、德胜、达钢、水钢、昆钢等，凡国家免检产品均可。所有材料均为定尺。 2. 具体数量由需方按计划确定并通知供方在指定时间内送货。 3. 每批钢材的单价按当批确认价执行，执行价包括运费。 4. 结算按当批货物的确认执行价及实际供应数量进行结算。
	∅8	吨			
	∅10	吨			
螺纹钢（二级）	∅12	吨			
	∅14	吨			
	∅16～∅25	吨			
螺纹钢（三级）	∅18～∅25	吨			
合计			￥6 000 000.00		

（具体价格情况见各附件）

第二条　质量要求、技术标准按国家现行标准执行。
第三条　交（提）货地点、方式：（略）
第四条　合理损耗及计算方法：按斤交货，3‰内为合理磅差，超出部分双方协商处理。
第五条　包装标准，包装物的供应与回收：捆扎包装不散捆，不回收。
第六条　验收标准、方法及提出异议的期限：按国家标准验货，数量异议在货到 3 日内保持原包装的情况下提出，质量异议在货到一周内书面通知乙方。
第七条　随机备品、配件、工具数量及供应方法：质量书随出库单及货走。
第八条　结算方式：（略）
第九条　付款方式、时间：（略）
第十条　本合同解除的条件：如遇甲、乙双方中有一方未按合同约定履行义务时，另一方有权解除本合同。
第十一条　违约责任：
　　甲方应每月提前 10 日将次月钢材用量（大计划）报给乙方。甲方应提前三天将下周钢材用量（小计划）报给乙方，方便乙方及时安排备货。甲方已下订单货物不得退货。
　　若因供方产品质量不符合国家现行标准或未按甲方计划进料时间及时供货，导致甲方工程停工或规格代换的经济损失及质量事故，供方将承担其相应的经济损失及责任。若因供方不能提供某些规格产品，而由需方负责寻找该规格的钢材，供方必须承担相应的价差。
第十三条　合同争议的解决方式：本合同在履行过程中发生的争议，由双方当事人协商解决，若双方确实无法协商一致，可依法向合同签订地人民法院起诉。
第十四条　本合同一式两份，双方各执一份。自双方签字盖章后生效。每次的送货情况应草签一份认价书，并作为附件与此合同同时生效。

购买方：潍坊万达化工有限公司
法定代表人：郑祥云
电话：略
传真：略

销售方：山东华茂建材有限责任公司
法定代表人：王鹏
电话：略
传真：略

凭证 7-12

中国工商银行电子缴税付款凭证

转账日期：2020年01月04日　　　　　　　　　　　　凭证字号：20200104402330036

纳税人全称及纳税人识别号：	潍坊万达化工有限公司 913707011694500359		
付款人全称：	潍坊万达化工有限公司		
付款人账号：	3700230135056800342	征收机关名称：	国家税务总局潍坊市潍城区税务局中山路支行
付款人开户银行：	中国工商银行潍坊市中山路支行	收款国库名称：	国家金库潍城区支库
小写（金额）合计：	￥4 715.00	缴款书交易流水号：	2020010412090115
大写（金额）合计：	人民币肆仟柒佰壹拾伍元整	税票号码：	32020010400233052
税（费）种名称	所属时期		实缴金额
印花税	20191201—20191231		￥4 715.00

表 7-9　应交印花税计算表

年　月　日　　　　　　　　　　　　　　　　　　　　　　金额单位：元

应税凭证名称	计税依据	税率	应纳税额
合计			

会计主管：　　　　　　　　　　　　　　　　　　　　制单：

表7-10 印花税纳税申报（报告）表

纳税人识别号（统一社会信用代码）：

纳税人名称：

税款所属期：自 年 月 日 至 年 月 日

本期是否适用增值税小规模纳税人减征政策（减免性质代码：09049901）： □是 □否

金额单位：人民币元（列至角分）

应税凭证	计税金额或件数	核定征收		适用税率	本期应纳税额	本期已缴税额	减征比例（%）		本期小规模纳税人减征额	本期应补（退）税额
		核定依据	核定比例				减免性质代码	减免税额		
	1	2	3	4	5=1×4+2×3×4	6	7	8	9=(5−8)× 减征比例	10=5−6−8−9
买卖合同				3‰						
租赁合同				1‰						
借款合同				0.5‰						
权利、许可证照		—	—	5						
合计		—	—	—						

谨声明：本纳税申报表是根据国家税收法律法规及相关规定填报的，是真实的、可靠的、完整的。

纳税人（签章）：

年 月 日

经办人：
经办人身份证号：
代理机构签章：
代理机构统一社会信用代码：

受理人：
受理税务机关（章）：
受理日期： 年 月 日

答案 7.2.4